로버트 볼튼
인간관계 수업 ❶

그 사람은 왜 자꾸 내 말을 끊을까

PEOPLE SKILLS : How to Assert Yourself, Listen to Others, and Resolve Conflicts by Robert Bolton, Ph.D.

Copyright © 1979 by Simon & Shuster, Inc.

All rights reserved.

This Korean edition was published by Trojanhorse Book in 2025 by arrangement with the original publisher, Touchstone, an Imprint of Simon & Schuster, LLC through KCC(Korea Copyright Center Inc.), Seoul.

이 책은 (주)한국저작권센터(KCC)를 통한 저작권자와의 독점계약으로 트로이목마에서 출간되었습니다. 저작권법에 의해 한국 내에서 보호를 받는 저작물이므로 무단전재와 복제를 금합니다.

로버트 볼튼 인간관계 수업 ❶

그 사람은 왜 자꾸 내 말을 끊을까

PEOPLESKILLS

로버트 볼튼 지음
박미연 옮김

트로이목마

| 일러두기 |

트로이목마 출판사는 저작권자의 허락을 얻어, 본래 1권의 책인 《PEOPLE SKILLS》를 2권으로 분권해 출간함을 알려드립니다. (《로버트 볼튼 인간관계 수업 ①, ②》) 따라서 본문 중, '①권' 혹은 '②권'의 어느 부분을 참조하라는 메시지가 등장하며, 두 권의 책이 연결되어 있다는 점을 말씀드립니다. 다만, 각 권의 책을 따로 읽어도 내용을 이해하는 데에 전혀 문제가 없음을 알립니다.

도트에게

나의 가장 친한 친구,
가장 가까운 동반자, 즐거운 놀이친구.
내 다양한 자아를 실현시켜주는 사람,
내 꿈을 키워주는 사람.

최고의 아내
섬세하고, 사랑이 넘치며, 진실한 사람.
나와 우리 아이들, 부모님, 친구들에게까지.

우리의 공동 생활을 지탱하는 일들을
능숙하게 해내는
동료이자, 교사이자, 동반자.

당신과 함께 있을 때
나는 가장 진실한 나를
발견하고, 선택하고, 드러내는 경험을 하게 됩니다.

삶으로 충만한 당신,
사랑이 가득한 당신,
가치가 충만한 당신과
함께 하는 경험을 사랑합니다.

불완전하지만 항상 변화하고, 성장하고, 발견하는,
그러면서도 한결같이 뿌리를 내리고 서 있는,
모든 계절에 함께할 수 있는 친구.

당신은 정말 '특별한 사람'입니다.

| **프롤로그** |

진심을 말하는 방식이 때론 진심 자체보다
더 중요할 수 있다

랄프 왈도 에머슨Ralph Waldo Emerson은 "좋은 독자가 좋은 책을 만든다."고 했다. 이 말은 특히 이 책과 같은 부류에 들어맞는 진리이다. 나는, 여기서 설명한 의사소통 방식들을 직접 시도해볼 정도로 인간관계를 개선해보려는 의지를 가진 사람들을 위해 이 책을 썼기 때문에, 아이디어 몇 가지만 얻기 위해 읽는 독자들은 얻는 것이 많지 않을 수도 있다. 따라서 이 책을 읽고 그냥 덮어버리지 말고, 일상생활에서 끊임없이, 창의적으로 이 기술들을 활용해보기를 바란다. 그렇게 하면 분명히 인간관계에 큰 변화가 일어나는 것을 느낄 수 있을 것이다.

나는 효과적인 의사소통 방식을 배우는 데 고생을 많이 했다. 만약 어린 시절부터 사람들과 의사소통 하는 데 탁월한 재주가 있었다면, 이렇게 끈질기게 연구하지 않았을 것이다. 내게는 의사소통이라는 것이 너무나 어려운 문제였기 때문에, 연구하고 배운 것을 실행해보고 가르치다가 마침내 책으로 쓰게 된 것이다.

일반사람들과 똑같이 여러 가지 곤경에 부딪히면서 고군분투했기 때문에 이 기술을 다른 사람들보다 더 잘 가르칠 수 있었다고 나는 생각한다. 수많은 결점들을 안고 시작한 결과로, 나는 여러분들이 이 기술들을 배우고 활용하면서 함정에 빠지지 않도록 도와줄 수 있다.

이 책(《로버트 볼튼 인간관계 수업 ①, ②》)은 컨설팅회사를 운용하며 바쁜 업무를 진행하면서 집필했다. 넉넉한 스케줄에 따라 여유 있게 글을 쓰는 것은 많은 이점이 있겠지만, 일상적인 업무의 압박을 감수하고 교육을 병행하면서 글을 쓰는 것도 장점이 많다. 이 책을 쓰는 데 6년이라는 시간이 걸렸고, 그동안 나는 이 기술들을 일상생활에 적용하면서 실험을 거듭했다.

개정증보판 프롤로그를 쓰는 지금, 예전 초판을 읽고 책에 소개된 의사소통 기술을 배운 수많은 독자와 연수생들이 그랬던 것처럼, 개정증보판을 읽을 독자들이 이 기술들을 직접 실행해보면서 많은 것을 얻을 것으로 확신한다. 왜냐하면 많은 이들이 이 기술들이 인간관계에서 큰 효과를 발휘했고, 자신의 삶을 훨씬 풍요롭게 해주었다고 편지를 보내왔기 때문이다. 이 책이 인간관계에 대한 그동안의 생각뿐만 아니라 행동까지 변화시켜 다른 사람과의 관계를 더욱 돈독하게 해주었다고 말한 사람도 많았다. 따라서 이번 개정증보판을 통해서도 훨씬 더 많은 도움을 얻을 수 있을 것이다.

나 자신의 내면을 여행하기 위해, 그리고 다른 사람과의 상호작용을 어떻게 개선할 수 있는지 연구하기 위해 이 책을 집필하기 시작했는데, 깊이 생각하고 연구하고 가르치는 동안, 또 토마스 고든Thomas Gordon과 칼 로저스Carl Rogers, 앨런 아이비Allen Ivey, 제라드 이건Gerard Egan, 로버트 카크허프Robert Carkhuff 등이 쓴 책들을 참고하면서 내용이 더 풍부해졌다. 나는 대인관계 커뮤니케이션을 이해하는 데 도움을 주는 책들을 읽으면서, 진심을 말하는 방식이 진심 그 자체보다 더 중요할 수도 있다는 것을 깨달았다. 그래서 이 책 곳곳에 나의 경험과 취향, 가치관이 공감되는 많은 인용구를 실어두었다. (대부분의 인용문에서 남성 대명사를 사용하고 있다. 이 관습에 의미를 지나치게 두지 않기 바라며, 독자 여러분에게 울림이 있기를 바란다.)

그리고 여기 있는 내용들은 릿지트레이닝 사의 동료들, 특히 도트 볼튼$_{Dot\ Bolton}$과 에드 리스베$_{Ed\ Lisbe}$와 상세하게 토론했다. 그들의 의견과 설명하는 방식이 이 책을 쓰는 데 큰 도움이 되었다.

내가 이 기술을 이해하고 적용 방법을 개발하는 데 많은 도움을 준 연수생 여러분께도 특별히 감사의 인사를 전하고 싶다. 우리의 교육 세미나에 기업 경영인, 판매원, 비서, 교사, 의료인, 기업의 고객담당자, 건설업 종사자, 공직자, 심리학자, 변호사, 성직자, 그 외 다양한 분야에서 각계각층의 사람들이 참가했는데, 그들이 자신의 의사소통 기술을 발전시키기 위해 분투하는 동안, 나는 이런 기술들을 더 쉽게 가르치기 위한 방법들을 찾아냈다. 즉 부적절하게 제시된 이론상의 방법들을 발견하고, 좀 더 효율적인 실천 방안을 개발할 수 있었다.

이 책에 제시된 많은 사례들은 참가자들이 경험한 것들이다. 프라이버시를 위해 이름과 몇 가지 구체적인 사항은 가명이나 다른 내용으로 바꾸었다.

이 프로그램을 개발하는 동안 많은 연구소의 도움도 받았다. 뉴욕주 올버니에 있는 세인트로즈대학에서는 이 책에 쓰인 방법들을 대학원 과정에 도입하여 수천 명의 교사들이 실제 업무에 적용할 수 있게 해주었다. 또한 〈포춘$_{Fortune}$〉지 선정 500대 기업, 중소기업, 정부기관, 종교단체, 병원, 대학, 상담센터, 그리고 여러 다양한 조직에서도 직원들에게 이 기술들을 가르칠 수 있는 기회를 마련해주었다. 가르치는 동안 우리가 받은 피드백 덕분에 이 책에 제시된 내용을 더 세심하게 다듬을 수 있었다. 또한 다양한 피드백을 통해 우리는 이 기술들이 훌륭하다는 것, 그리고 가족이나 여타 인간관계뿐 아니라 엄청나게 다양한 일터에서도 적용할 수 있다는 것을 확신하게 되었다.

로라 위크스$_{\text{Laura Weeks}}$는 이 책을 영역별로 나누고 문장을 매끄럽게 다듬어주었다. 패트 프리본$_{\text{Pat Freeborn}}$도 몇 장의 문장들을 손봐주었다. 도트 볼튼은 책 전체를 읽어보고 크고 작은 개선점들을 수없이 지적해주었고, 에드 리스베도 중요한 몇 개 장에서 같은 일을 해주었다.

이렇게 많은 사람들에게 신세진 것을 감안할 때, 이것을 '나의 책'이라고 주장하는 것은 부당하게 보일 수도 있을 것이다. 이에 대한 나의 생각은 16세기에 식물학 입문서를 쓴 어떤 영국인 저자가 한 말로 대신하고 싶다.

"어떤 독자들은 내가 수많은 저자들의 글을 모아서 이 책을 만들었다는 점을 들어 다른 사람들의 저작들만 잔뜩 모아놨지 정작 내가 쓴 것은 아무것도 없지 않느냐고 말할지도 모르겠다. 그 사람들에게 나는 이렇게 말하겠다. '드넓은 들판에서 자라는 그 수많은 꽃의 꿀을 벌이 모았을 때 그것을 벌의 꿀이라고 한다면, 수많은 저자들로부터 배워서 그것들을 모은 사람은 바로 나이기 때문에 이 책도 내 책'이라고 말이다."[1]

의사소통 방식의 원리와 실천 방안 그리고 그것에 관한 견해를 정립하는 동안 다른 사람들로부터 강한 영감을 받기는 했지만, 어쨌든 이 책에 있는 자료들은 내가 모은 것이다.

어떤 이들은 이 책의 ②권, CHAPTER 8 '효과적인 의사소통을 위한 3가지 핵심요소'를 가장 먼저 읽어야 한다고 주장하고, 어떤 이는 순서에 의해 맨 마지막에 읽어야 한다고 말한다. 이 책이 커뮤니케이션 방법에 너무 치중해 있고 소통하는 데에 활기를 주는 정신적 측면에는 소홀하다는 생각이 들면, 읽던 도중에라도 ②권, CHAPTER 8을 먼저 읽기 바란다.

이 책에서 가르치는 기술들이 내게 도움이 된 만큼, 독자 여러분에게도 많은 도움이 되기를 바란다.

로버트 볼튼

| Contents |

프롤로그 _ 진심을 말하는 방식이 때론 진심 자체보다 더 중요할 수 있다 6

PART 1 인간관계 수업을 시작하며

CHAPTER 1. 사람과 사람 사이에 다리를 놓는 기술

대화, 인류 최고의 업적 22
대부분의 대화는 실패한다 23
외로움의 고통 24
잃어버린 수많은 사랑 25
직장에서 성공하기 위한 비결 28
생사가 걸린 문제 29
당신은 변할 수 있다 31
당신은 변할 것이다! 36
새로운 기술을 배우는 것이 내키지 않을 때 37
인간관계를 만드는 4가지 기술 39
요약하자면… 41

CHAPTER2. 의사소통의 걸림돌

의사소통에 매번 실패하는 사람들 43
왜 의사소통 방해요소가 위험한가 48
판단하기, 가장 큰 방해요소 50
해결책 제시하기 56
상대방의 관심사를 회피하는 것 61
13번째 의사소통 방해요소, 지적하기 66
죄의식, 자책, 후회 67
요약하자면… 69

PART2 듣기 기술

CHAPTER3. 경청은 단순히 소리를 듣는 것 이상이다

듣기의 중요성 74
듣기란 무엇인가 78
듣기 기술의 유형 80
주목 기술 81
후속 기술 94
요약하자면… 109

CHAPTER4. 반사하는 듣기의 4가지 기술

바꿔 말하기 112
감정 반사하기 116
의미 반사하기 126
요약해서 반사하기 130
요약하자면… 135

CHAPTER5. 반사 반응은 왜 효과적인가

듣기의 유형과 구조 138
의사소통의 6가지 특징 142
의심은 행동을 통해 사라진다 160
요약하자면… 161

CHAPTER6. 신체언어 읽기

신체언어의 중요성 165
비언어적 행동들, 감정의 언어 167
숨어 있는 감정의 '누출' 169
신체언어를 '읽기' 위한 지침 171
명료하면서도 난해한 언어 184
요약하자면… 185

CHAPTER7. 반사 기술 발전시키기

더 잘 듣기 위한 지침 188
반사적 듣기를 넘어서 208
반사적 듣기를 해야 할 때 219
반사적 듣기를 피해야 할 때 222
듣기의 장단점 227
요약하자면… 228

Endnotes 232

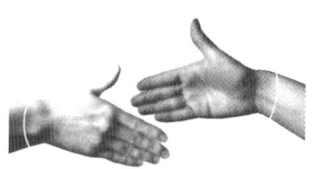

로버트 볼튼 인간관계 수업② CONTENTS

PART 1 자기주장 기술

CHAPTER1. 관계의 3가지 유형
　　듣기와 자기주장, 의사소통의 음과 양
　　자기주장을 발전시키는 방법
　　개인 공간을 보호해야할 필요성
　　적극적인 자기주장을 통한 자신의 세계 다지기
　　복종 – 자기주장 – 공격
　　3가지 반응 유형의 보상과 대가
　　스스로 선택하라
　　요약하자면…

CHAPTER2. 자기주장 메시지를 만드는 3가지 요소
　　말을 통한 자기주장, 제3의 대안
　　3요소를 포함하는 자기주장 메시지
　　문제 상황을 해결하는 효과적인 방법과 비효과적인 방법
　　3요소를 포함하는 자기주장 메시지 작성하기
　　자아발견과 성장을 위한 여정
　　요약하자면…

CHAPTER3. 작용-반작용 현상에 대처하기
　　기습 공격
　　인간의 방어 성향
　　방어적 태도의 악순환
　　자기주장 6단계
　　요약하자면…

CHAPTER4. 자기주장 방식은 다양하다
　　다양한 자기주장형 행동
　　자신의 영역을 지키는 다른 방법들
　　자신의 영향력을 적극적으로 표현하는 방법들
　　비공식적인 자기주장
　　요약하자면…

PART2 갈등관리 기술

CHAPTER5. 갈등의 방지와 통제
- 자기주장의 아우라
- 갈등은 불가피하다
- 갈등은 분열시키거나 파멸시킨다
- 갈등의 이점
- 비생산적인 갈등에서 생산적인 갈등으로
- 내면의 갈등 줄이기 및 통제하기
- 조직 및 그룹 내 갈등 감소 및 통제하기
- 요약하자면…

CHAPTER6. 갈등의 감정 요소 다루기
- 갈등해소법
- 갈등해소법의 적용
- 갈등해소법을 적용하는 4가지 경우
- 대화의 준비
- 싸움 평가하기
- 갈등해소법으로 인해 예상되는 결과들
- 요약하자면…

CHAPTER7. 협동 문제 해결법, 명쾌한 해결책 찾기
- 갈등의 3가지 종류
- 협동 문제 해결법 대신 사용하는 방법들
- 협동 문제 해결법으로 '명쾌한 해결책' 찾기
- 협동 문제 해결법 6단계
- 협동 문제 해결법이 의미하는 것
- 해결 과정에서 흔히 발생하는 함정 피하기
- 협동 문제 해결법 적용하기
- 요약하자면…

CHAPTER8. 효과적인 의사소통을 위한 3가지 핵심요소
- 의사소통에서 기술이 전부는 아니다
- 진실함
- 무소유적 사랑
- 공감
- 핵심 태도의 실행
- 요약하자면…

맺음말
　　의사소통 기술 활용을 위한 구체적인 실천 약속
　　적절한 상황 찾기
　　실패에 굴하지 않기
　　상대방이 변화를 받아들이도록 준비시키기
　　기술훈련
　　요약하자면…

Endnotes

사회생활을 하는 사람들은 나름대로 대인관계 기술을 어느 정도 갖고 있겠지만, 그런 기술들을 더 수준 높게 사용할 수 있는 방법이 있다. 지금보다 더 많은 이해심을 보여줄 수 있고, 더 정중할 수 있고, 더 따뜻할 수 있고, 더 성심성의껏 대할 수 있고, 더 열린 마음으로 대할 수 있고, 더 솔직할 수 있고, 더 구체적으로 대화할 수 있다는 것이다. 탄탄한 이론, 적합한 모델, 그리고 여러 사람들을 접할 수 있는 기회가 있다면, 더 온전한 인간성을 갖추는 과정은 훨씬 빨라질 것이다.[2]
_ 조지 가즈다 George Gazda, 교육가

| PART 1 |

인간관계 수업을 시작하며

‖ CHAPTER 1 ‖

사람과 사람 사이에 다리를 놓는 기술

사람과 사람 사이에 다리를 놓는 기술을 진작 배웠더라면 좋았을 텐데……. 우리가 가진 건 사람뿐이니까.
　_ 리처드 라이트Richard Wright의 소설 《아웃사이더The Outsider》에
등장하는 크로스 데이먼의 말

| 대화, 인류 최고의 업적 |

언어를 매개로 하여 한 인간이 다른 인간과 의사소통을 할 때, 그들 사이에는 자연계 어디에서도 발견할 수 없는 어떤 작용이 일어난다. 의미 없이 떠들어대던 소리를 말과 글로 바꾼 능력은 인간의 가장 중요한 특징이다. 호모사피엔스를 다른 동물들과 구별 짓게 하는 다른 특징들도 언어 덕분에 발전할 수 있었다. 그래서 독일 철학자 카를 야스퍼스 Karl Jaspers 는 "인간이 이룬 최고의 업적은 사람과 사람이 대화하는 능력이다."고 말했다. [3]

| 대부분의 대화는 실패한다 |

대화는 인간의 가장 위대한 능력이지만, 많은 사람들이 대화를 제대로 하지 못하고 있다. **현대 문명의 아이러니 중 하나는, 우리가 소통하는 방식의 기술력은 상상을 초월할 정도로 발달했지만, 사람들은 여전히 얼굴을 마주보고 대화하는 데 어려움을 많이 느낀다는 것이다.** 우주에 민간인을 보내고, 휴머노이드 로봇을 만드는* 이런 경이로운 과학 기술의 시대에도 우리는 사랑하는 사람들과 좋은 관계를 유지하는 데에 서툴다. (* '우주에 민간인을 보내고, 휴머노이드 로봇을 만드는' 이라는 표현은 저작권사의 허락을 받아 수정했음을 밝힙니다. _ 편집자주)

언제부터인가 나는 대부분의 의사소통에서 뭔가가 빠져 있다는 사실을 점점 더 분명하게 느끼고 있다. 우리가 생활하고 있는 이 사회에서 정말로 중요한 것들, 부드러움, 수줍음, 껄끄러움, 예민함, 연약함, 격앙된 감정의 폭발 등을 누군가와 공유하는 사람들은 흔치 않다. 상대방이 말하는 내용을 온전히 이해하기 위해 귀 기울여 듣는 사람도 드물다. 사람들은 말하고 있는 상대방에게 눈만 고정시킨 채 머릿속으로는 이런저런 딴 생각을 하기도 하고, 열심히 듣는 척하면서 속으로는 자신이 말할 틈이 생겼을 때 어떤 말을 할 것인지 정리하면서 시간만 재고 있기도 하다.

이런 행태를 네이선 밀러~Nathan Miller~는 다음과 같이 적나라하게 표현했다. "미국에서 대화라는 것은, 이야기를 하는 사람이 잠시 숨을 고르면 그때부터는 그가 듣는 사람이 되는 경쟁 행위다."

사회 각계각층에서 일어나는 잘못된 대화방식은 사람들 사이에 벽을 쌓는다. 대화의 실패는 외로움, 가족 문제, 직장에서의 무능력과 불만, 스트레스, 신체의 질병, 심지어는 죽음까지 초래할 수 있다. 사람들 간의 단절은 개인적으로 좌절감과 마음의 상처를 주는 데서 그치지 않고, 이 문제투성이 시대에서도 가장 심각한 사회 문제 중 하나가 되었다.

| 외로움의 고통 |

오늘날 대부분의 사람들은 다른 이들과 따뜻하고 긍정적이면서도 의미 있는 관계 맺기를 갈망하지만 그렇게 살아가는 사람은 거의 없는 듯하다.

홀로 있음에는 두 가지 종류가 있다. 그중 고독은 창의성과 즐거움 그리고 충만감을 줄 수 있는 감정이지만, 외로움은 고통스럽고 무기력하고 공허한 감정이다. 외로움은 자신이 다른 사람으로부터 소외되어 있음을 예민하게 느끼는 것이다. 데이비드 리즈면David Riesman, 네이선 글레이저Nathan Glazer, 루엘 데니Reuel Denney 등이 지적했듯이, 인간이 자기자신 또는 타인과 진심으로 교류하지 않는다면, 군중 속에 있어도 외로움을 느낄 것이다.[4]

이 시대에 외로움이라는 고통이 늘어나는 원인에 대해서 몇 가지 분석이 있기는 하다. 물질주의(사람보다는 물질에서 위안을 얻는 것), 주소나 직장의 잦은 이동, 뿌리째 흔들리는 가정, 관료적인 조직 구조 등이 그것이다. 하지만 이것들은 사소한 문제다. 나는 사람들을 단절시키는 가장 중요한 원인, 그러면서 가장 해결하기 쉬운 원인은, 사람들 간의 잘못된 의사소통 방식이라고 확신한다.

| 잃어버린 수많은 사랑 |

불행하게도 오늘날 가장 극심한 외로움은 대화가 단절됐거나 삐걱거리고 있는 가정에서 나타난다. 인간관계 중 가장 친밀한 관계인 부부관계도 바람직한 의사소통이 없다면 원만하게 지속할 수 없다. 결혼생활을 풍족하게 가꾸려 했던 부부들도 관계 유지에 필요한 기술이 부족해서 결국은 냉랭하고 지루한 결혼생활을 계속하는 경우가 많다. 자주 인용되는 T. S. 엘리엇T. S. Eliot의 시가 오늘날의 전형적인 가족을 묘사하고 있는지도 모른다.

> 서로 이해하지 못하는 두 사람,
> 자신들이 이해하지 못하는 아이를 기르고,
> 그 아이들은 부모를 이해하지 못하리라.[5]

아무리 가까운 관계라도 친근감이 없다면 어쩔 수 없이 멀어지게 되어 있다. 의사소통이 단절되면 사랑의 에너지는 분노와 적개심으로 변한다. 그리하여 잦은 말다툼과 상대를 위축시키는 비아냥거림, 반복되는 비난, 냉랭한 거리두기는 침묵으로 이어진다. 어떤 여성은 자기 가족의 의사소통 방식이 얼마나 비정상적인지를 털어놓고 나서 이렇게 말했다. "저는 가정이 아닌 심리적 빈민가에 살고 있는 거예요."

대부분의 부모가 토로하듯이 오늘날 자녀를 키우는 일은 만만치 않다. 가족 치료의 선구자라 할 수 있는 버지니아 사티어(Virginia Satir)는 다음과 같은 글을 쓴 적이 있다.

> "부모들은 세상에서 가장 근무하기 힘든 학교의 교사이다. 그 학교는 바로 인간을 양성하는 학교로서, 여러분은 교육위원회 임원이며, 교장이며, 담임이며, 청소부이기도 하다. (중략)

여러분은 생활과 인생에 관련된 모든 과목을 능숙하게 가르쳐야 한다. (중략) 그런데 여러분에게 이 직업과 관련된 요령을 가르쳐주는 학교는 거의 없고, 어떤 과목을 가르쳐야 하는지에 대한 합의도 없다. 여러분 자신이 직접 모든 교과목을 결정해야 한다. 그 학교는 휴일도 없고, 방학도 없고, 노동조합도 없고, 자동적인 진급도 없고, 월급인상도 없다. 여러분은 자녀 한 명당 최소한 18년 동안, 1년 365일, 하루 24시간 근무하거나 비상대기 해야 한다.

게다가 행정 업무를 관장하는 지도자는 두 사람이다. 무슨 일을 처리하든 말이다. 상사가 두 명일 때 어떤 일이 벌어지는지는 잘 알고 있을 것이다. 여러분은 이런 환경에서 인간을 양성하는 일을 해야 한다. 내가 보기에 이 일은 세상에서 가장 힘들고, 가장 어렵고, 가장 불안하고, 가장 피눈물 나는 직업이다."[6]

효과적인 의사소통은 행복한 가정을 꾸리는 데 아주 중요하고, 이 기술에 능숙한 부부에게는 부모 노릇이 인생에서 가장 보람 있고 즐거운 경험이 될 수 있다. 하지만 부모가 정확하고 적절한 의사소통 방식을 익히지 못했을 때는, 부모와 자녀 모두 고뇌와 소외감, 그리고 외로움을 느끼게 되는데 그 결과는 치명적이다.

의사소통은 인간관계에서 가장 중요한 요소이며, 개방적이고 명확하고 섬세한 의사소통이 이루어질 때 인간관계는 발전하게 마련이다. 의사소통이 가로막히고 서로에게 적대감을 품고 있어 원활한 의견이 오고 가지 못하면 그 관계는 점차 멀어진다. 의사소통의 흐름이 막히면 관계는 순식간에 악화되어 끝내 파탄으로 끝나는데, 의사소통 기술이 부족해서 사랑이 상실되는 경우는 너무나 흔하다. 부부 간, 연인 간, 친구 간, 부모-자식 간, 모두 마찬가지다. 그러므로 관계를 원만하게 유지하기 위해서는 사람들 사이를 갈라놓는 틈을 부분적이라도 이어줄 수 있는 길을 찾아야 한다.

| **직장에서 성공하기 위한 비결** |

세미나에 참가한 참여자에게 밤잠 설치게 만드는 직장 내 고민거리 리스트에 대해 질문을 해보았다. 어김없이, 이러한 문제의 70~80퍼센트는 자신에게 중요한 영향력을 행사하는 이들과의 의사소통 방식과 관련되어 있었다.

어느 정비기사는 의외라는 듯이 이렇게 말했다. "저는 기계에 대해서만 잘 알면 되는 줄 알았습니다. 그런데 일을 하다 보니 대부분의 시간을 사람들과의 문제를 해결하는 데 쓰고 있더군요." 어떤 교사는 이런 말을 했다. "저는 물리학 교사가 되기 위해 교육을 받았습니다. 그런데 교직에 있는 동안 저는 '사람됨'을 가르치고 있다는 걸 깨달았습니다. 제 에너지의 대부분을 질서를 유지하는 데 쏟고 있는 겁니다. 대학원에서는 왜 그런 기술을 가르치지 않는지 모르겠습니다."

상사, 관리자, 간호사, 의사, 정신건강 분야 종사자, 변호사, 행정가, 영업사원 혹은 컨설턴트 등, 탁월한 의사소통 능력으로 그들의 업무 생산성은 크게 향상된다. 의사소통의 기술은 분명 직장 내 성공의 열쇠다.

| 생사가 걸린 문제 |

사람들 간의 교류는 대부분 더 좋아지거나 더 나빠지는 방향으로 가고 있다. 다른 사람들과 보내는 시간이 자아 발견과 성장을 위한 기회가 될 수도 있고, 주체성 상실과 인격 파괴의 과정이 될 수도 있다. 우리의 성격 발달과 정신적·심리적 건강은 의사소통 능력과 연관되어 있다. 인간은 누구나 다른 인간과의 상호작용 없이는 온전한 인간이 될 수 없기 때문이다. 그래서 마르틴 하이데

거_{Martin Heidegger}는 언어를 가리켜 '존재의 공간_{the dwelling place of being}'이라고 한 것이다.

사람에게는 사람이 필요하다. 어느 책 제목처럼, 혼자서는 인간이 될 수 없다. 사람은 누구나 다른 사람들과 대화를 나눔으로써 성숙해간다. 가브리엘 마르셀_{Gabriel Marcel}은 《존재의 신비_{The Mystery of Being}》라는 책에서 이렇게 주장했다. "누군가의 존재감이 진정으로 느껴질 때, 그것은 나의 내적 존재를 일깨운다. 그것은 내 안에 숨어 있던 나를 드러내고, 그의 존재를 대면하지 못했다면 느끼지 못했을 나 자신을 더 온전하게 느끼게 한다."[7]

이와는 반대로, 의사소통이 아예 없거나 자주 실패하게 되면 정서적으로나 신체적으로 자아가 흐려진다. 많은 사람들은 마음의 병이 주로 의사소통의 부재에서 생긴다고 믿고 있다. 심리적인 병에 걸린 사람은 좋은 인간관계를 맺지 못한 사람이다. 칼 로저스에 따르면, "모든 심리 치료는 의사소통의 실패를 고치는 일이다."[8]

반면, 의사소통의 부재나 자주 부실한 의사소통에 노출되는 것은 개인의 정체성을 약화시킨다. 짤막한 교육 영상에서 F.호프만라로슈연구소(제약회사)의 연구진들은, 인간의 관심을 거의 받지 못한 22개월 된 여자 아이의 회복 과정을 기록했다.

병원 입원 당시 아이는 몸무게가 또래의 절반밖에 안 되었고 발육 상태도 극도로 뒤처져 있었지만, 치료의 일환으로 두 달 동안 하루 6시간 이상의 애정 어린 돌봄과 보살핌을 받으면서 아이의 상태는 극적으로 호전되었다.[9]

| 당신은 변할 수 있다 |

당신의 의사소통 방식과 유형에서 확실한 것 한 가지가 있다. 그것은 거의가 학습된 반응이라는 것이다. 당신에게 가장 영향을 많이 준 교사는 아마 부모일 것이고, 부모님들은 그 의사소통 방식을 당신의 조부모에게서 배웠을 것이다. 그 외에 학교 교사, 스포츠 코치, 친구들, 그리고 다른 많은 사람들도 여러분에게 영향을 주었을 것이다. 라디오, 텔레비전, 영화, SNS, 그 밖의 다른 매체들, 그 나라의 의사소통 방식도 영향을 준다.

가정에서 의사소통 방식을 효과적으로 가르치는 사람은 많지 않다. 그런 모범적인 사람과 함께 살았던 몇 안 되는 행운아들은 그것을 어린 시절부터 배웠기 때문에 의사소통이 별 문제없이 자연스럽다. 하지만 대부분의 사람은 사람과 관계 맺는 방식을 잘못 배운 사람한테서 배웠다. 그들도 좋은 의도를 갖고 우리를 가르쳤겠지만 말이다.

우리는 어린 시절에 최초로 훈련을 시작한다. 부모님 또는 부모님 역할을 하는 사람들은 미소 같은 비언어적 행동을 통해 칭찬을 하고, 짜증 같은 비언어적 행동을 통해 언짢은 기분을 나타낸다. 우리가 어렸을 때 그들은 우리가 사용해야 할 말의 범위를 정해주었다. 그러고는 어떤 식으로 말해야 하는지를 가르쳤다. 해마다 추수감사절 때 고모를 방문하는 것이 아무리 치떨리게 싫어도, 당신은 이렇게 말하도록 배웠을 것이다. "에디트 고모, 이런 멋진 시간을 마련해주셔서 감사합니다." 어른들이 얘기하고 있을 때 끼어들었다면, 이런 말을 들었을 것이다. "끼어들면 안 되지. 죄송합니다만…… 이라는 말을 먼저 해야지." 이런 식으로 훈련을 받은 말은 이 밖에도 많다. "불평하지 마라", "그만 칭얼거려라", "누가 엄마한테 그런 식으로 말하라고 했니", "그런 못된 말 쓰면 안 된다." 등등.

친척들, 베이비시터, 주일학교 교사들, 그 밖의 많은 사람들이 다음과 같은 말로 이런 교육에 합류한다. "조용히 하거라", "발표하고 싶으면 먼저 손을 들어라. 네 차례가 되면 내가 이름을 부를 테니.", "남의 일에 참견하지 마라", "대들지 마라" 등등.

이런 훈계 말고도, 우리 삶에서 중요한 역할을 하는 어른들은 그들의 전형적인 행동 방식을 보여주었을 것이다. 그들은 자신들의 감정을 거의 드러내지 않는 사람이었을 수도 있고, 자주 비아

냥거리는 사람이었을 수도 있고, 혹평을 하는 사람이었을 수도 있고, 거칠게 화를 내며 소리를 잘 지르는 사람이었을 수도 있다. 어릴 때부터 우리들은 삶에서 중요한 위치에 있는 사람들의 가르침뿐만 아니라 그들이 보여주는 행태를 보고 배우기도 했다. 우리 사회의 문화적 규범도 우리가 교육받은 많은 내용들을 강화하는 역할을 한다. 이런 규범들 중 어떤 것들은 몇 십년 전에 비해 완고함이 많이 무뎌졌지만, 아직도 많은 부분이 변하지 않고 지켜지고 있다.[10]

사람들과의 관계에서 해가 되는 수많은 방식을 우리 사회의 많은 어린이들이 따라 배우고 있는데, 심리학자인 제라드 이건은 이를 다음과 같이 정리했다.

- 피상적인 관계에 머물기
- 허상 만들기
- 인간관계를 하찮게 생각하기
- 자신과 타인으로부터 숨기
- 인간관계에 내재하는 위험 경시하기
- 타인 이용하기(또는 이용당하는 것을 견디기)
- 필요하다면 타인에게 고통을 주고 응징하기[11]

이건의 설명은 지나치게 단순화되어 있다. 어린 시절의 환경에서 배운 의사소통 방식에 따라 어떻게 반응하는지는 개인마다 다르게 나타난다. 한쪽 부모가 폭력적인 성향의 가정에서 자란 쌍둥이 형제라도, 분노를 다스리는 방식은 전혀 다르게 나타날 수 있다. 한 명은 그것을 억누르는 반면, 다른 한 명은 난폭하게 표현하는 식으로 말이다. 어쨌든 많은 사람들(어쩌면 대부분)은 인간관계에 관해 매우 비합리적이고 부정적인 방식으로 교육받았다. 부모들의 잘못된 의사소통 방식이 그들의 자녀들에게 영향을 끼치면서 악순환이 일어난 것이다.

하지만 악순환은 끊을 수 있다. 당신은 아무런 도움도 되지 않는 그런 방식을 잊고 다시 배울 수 있다. **이 책은, 가장 주목해야 할 점이 무엇인지, 어떻게 하면 자아 실현을 하면서 더 온화하고 만족스러운 관계를 만들 수 있는지, 그리고 어떻게 하면 업무를 효율적으로 진행할 수 있는지에 관한 구체적인 기술을 가르쳐줄 것이다.**

사람들은 대부분 자신들의 의사소통 방식을 숙명적인 것으로 받아들인다. 그들은 자신들의 의사소통 유형은 눈동자 색깔처럼 이미 정해진 것이라 바꾸는 것은 불가능하다고 생각한다. 혹은 바뀌더라도 겉으로만 바뀔 뿐이라고 생각한다. 내가 아는 어느 의사는 "사람들과 어울린다는 것은 타고난 재능이다. 가지고 있든지 가지고 있지 않든지, 둘 중 하나이다. 가지고 있지 않다면 그 사람이 할 수 있는 일은 없다."고 주장했다.

하지만 내가 경험한 바로는, 그리고 수천 명에게 의사소통 기술을 가르쳐온 동료들이 경험한 바로는, 결론은 정반대이다. 우리 자신의 삶에서 그리고 교육 참가자들의 삶에서 중대한 변화가 일어나는 것을 목격했기 때문이다. 우리들이 어린 시절에 습득했던 방식은 좀 더 효과적인 방식으로 바뀌었다. 인생의 어느 시점에 있든지 건전한 정신과 결단력을 갖고 있는 보통 사람이라면 더 나은 의사소통 방식을 배울 수 있다. 성인들이라도 학습을 통해 의사소통 방식을 더 효과적으로 개선할 수 있다는 것은, 저명한 행동주의 학자들의 수많은 연구결과를 보더라도 알 수 있다.[12]

물론 인간관계 방식을 바꾸는 것이 쉬운 일은 아니다. 수년간의 습관이 몸에 배어 있어 자신의 행동 방식을 바꾸는 것이 어색하게 느껴지는 것이다. 무엇이든 '새로운' 것은 부자연스럽게 느껴지기 때문에 사람들은 노력을 포기하고 싶은 유혹도 받는다. 하지만 일단 지금까지 자신이 해오던 의사소통 방식이 얼마나 비정상적인지를 깨닫기 시작하면, 대부분의 사람들은 그것을 바꾸려는 의욕에 불타게 된다. 그리고 의사소통 기술을 효과적으로 활용하게 되면 기쁨에 차서 외친다. "효과가 있네! 정말로 효과가 있어!"

| 당신은 변할 것이다! |

변화는 필연적이다. 에릭 에릭슨Erik Erikson, 로버트 해빅허스트Robert Havighurst를 비롯한 몇몇 학자들은, "인간은 유아기에서 노년기까지 발전적인 단계를 거친다."고 지적했다.[13] 아침에 맞는 생활방식을 저녁에도 똑같이 적용할 수는 없는 일이다.

세상은 변하고 있다. 우리는 산을 보며 언제나 변함이 없다고 말하지만, 그것들도 세월이 흐름에 따라 더 높아지기도, 낮아지기도 한다. 영원한 별이라고 얘기하지만 별들 또한 끊임없이 변화한다. 새로 생겨났다가 사라지기도 하고, 팽창했다가 수축하기도 하며, 더 밝아지기도 하고 더 어두워지기도 한다.

변화는 인간의 문화가 태동할 때부터 불가분의 요소였다. 금세기에 문화의 변화는 너무 빠르고 범위가 넓어서 숨이 찰 정도가 되었다. 우리 내부에서뿐만 아니라, 우리가 만나는 사람들, 물리적인 세계, 그리고 우리가 살고 있는 문화에서도 끊임없이 변화가 일어나기 때문에 항상 같은 모습으로 살아가는 것은 불가능하다. 우리가 예전 방식을 고수하려고 노력한다 해도 그 옛 방식마저 다른 결과를 낳는다. 리처드 니부어H. Richard Niebuhr가 말한 대로, "어제 했던 일을 오늘 할 때, 우리는 실제로는 다른 일을 하고 있는 것이다. 어제와 오늘 사이에 우리도 변했고 외부 세계도 변했

기 때문"이다.[14]

변화의 법칙에 따르면, "모든 것은 변한다. 좋아지거나 나빠지거나." 인간관계도 더 돈독해지거나 더 멀어지거나 둘 중 하나이다. 더 가까워지지 않으면 더 멀어질 것이다. 더 생산적인 방향으로 변하지 않으면 덜 생산적인 방향으로 변할 것이다.

당신은 다른 사람과의 관계를 변화시킬 수 있을 뿐만 아니라 필연적으로 변화시킬 수밖에 없다. 그러므로 **삶이 그저 당신에게 닥쳐오도록 내버려두는 것보다 변화에 요령 있게 대처하는 것이 바람직하지 않겠는가. 이 책은 우리가 원하는 변화를 만들어내고, 나아가 그런 변화를 북돋아주는 기술을 가르쳐줄 것이다.**

| 새로운 기술을 배우는 것이 내키지 않을 때 |

수년간 나 자신의 인간관계 방식을 개선하려고 노력하고 많은 사람에게 의사소통 기술을 가르치면서 나는 대부분의 사람들이 새로운 것을 배워야 할 때, 특히 그것이 행동의 변화를 요구할 때 거부감을 느낀다는 것을 깨닫고 그것에 주목하게 되었다. 가까운 사람들이나 직장 동료들을 대하는 방식 등 근본적인 것을 바꿔야 하는 변화일 경우, 저항감은 더 커지기 때문에 행동방식을 교정하는 데는 상당한 용기가 필요하다.

　새로운 의사소통 기술을 배우기 시작할 때 사람들은 속으로 이런 생각을 한다.

> 이런 기술이 정말로 효과가 있는 걸까? 아니면 몇 년에 한 번씩 발표됐다 사라지는 그저 그런 심리학 방면의 유행일까? 이 기술이 정말로 효과가 있다고 하자. 그렇지만 내가 그것들을 익힐 수 있을까? 나는 새로운 것을 배우는 데 별로 재주가 없었어. 특히 그동안의 습관들을 고치고 새로운 습관을 익혀야 하는 일에서는 말이지. 어쨌든 내가 그 기술을 배워서 인간관계에 변화가 일어난다고 치자. 그렇다고 해서 그 변화가 좋은 결과를 가져온다고 어떻게 장담할 수 있겠어?
> 지금 사람들과 교제하는 내 방식이 별로 훌륭하지 않을지도 모르지만, 상황이 훨씬 더 나빠질 수도 있는 거잖아. 그런 기술을 배운다고 설치다가 혹을 하나 더 붙이는 꼴이 될지도 모르는 일이야. 게다가 그런 기술들을 익히고 나면 내가 아주 낯선 사람처럼 보일 수도 있어. 내가 더 나은 사람이 되면 좋겠지만, 그 과정에서 내 인간관계가 변하면 어떡해? 주변인이 날 싫어하게 되면 어떡하냐고!

무의식에 가려져 있어서 느끼지 못하지만 많은 사람들은 자신이 의식하고 있는 것보다 거부감을 더 크게 느낀다. 선택의 기로에 놓였을 때, 우리는 자신의 안전지대에 머무르려 하고, 미증유의 상황보다는 익숙한 현실을 훨씬 더 선호한다. 이러한 자연스러운 반발심을 해소하기 위해, 이 책은 새로운 기술을 배우는 과정에서 느끼게 되는 불편함과 어색함을 다룰 수 있도록 도움을 줄 것이다.

| 인간관계를 만드는 4가지 기술 |

이 책, 즉 《로버트 볼튼 인간관계 수업 ①, ②》에서는 대인관계를 만족스럽게 이끌어갈 수 있는 아주 중요한 4가지 기술이 영역별로 소개된다. 그 기술들은 다음과 같다.

    1. 듣기 기술 : 상대방이 말하고 있는 내용을 제대로 이해하는 기술이다. 여기 나오는 새로운 대응 방식을 쓰면, 화자는 자신이 말한 문제와 감정을 상대방이 온전하게 이해했다고 느끼게 된다. 이런 방법을 적절히 사용한다면, 화자는 타인에게 의존하지 않고도 자신의 문제를 스스로 해결할 수 있다.

2. 자기주장 기술 : 이런 언어적·비언어적 행동 방식을 익히면, 다른 사람을 지배하거나 이용하거나 윽박지르지 않고도 존중받으며, 당신의 요구를 충족시키고 당신의 권리를 지킬 수 있다.

3. 갈등 해소 기술 : 이 기술을 배우면 다른 사람과 갈등을 불러일으키는 엉클어진 감정을 잘 다스리게 된다. 이런 능력을 활용하면 다툼이 해결된 후 그들과의 관계가 더 돈독해진다.

4. 협동 문제 해결 기술 : 이 기술은 당사자들을 모두 만족시켜야 하는 갈등 상황을 해결해준다. 또한 그 문제들이 해결된 후 똑같은 문제가 다시 발생하지 않도록 해주기도 한다.

위의 기술들은 올바른 인간관계를 유지하기 위한 기본적인 의사소통 기술이다. 의사소통 기술을 다루는 분야에서 우리 프로그램이 성공한 한 가지 이유는, 기본에 충실하자는 원칙을 지켰기 때문이다. 사람들은 너무 많은 주제와 세부사항으로 부담을 느끼지 않을 때 가장 잘 배울 수 있다.

| 요약하자면… |

대화는 인간의 가장 위대한 능력이지만 보통 사람들은 대화를 제대로 하지 못하고 있다. 대화 방식이 잘못되면 외로움을 느끼게 되고, 친구와 연인, 배우자, 자녀와도 멀어지게 된다. 업무에서 효율성이 떨어지는 것은 물론이다.

연구 결과에 의하면, 모든 사람들은 방어적인 성향이 있기는 하지만 연령에 상관없이 인간관계를 개선하고 업무 능력을 높여주는 구체적인 의사소통 기술을 익힐 수 있다. 이 기술들은 다음의 CHAPTER 2에서 좀 더 자세히 다루겠다.

CHAPTER 2

의사소통의
걸림돌

의사소통에 장벽이 생기면 만남은 의미가 없어진다. 의사소통을 가로막는 장벽은 누구나 경험하고, 사람들이 생각하는 것보다 훨씬 더 의사소통을 어렵게 만든다. 말을 할 수 있다고 해서 반드시 의사소통을 할 수 있는 것은 아니다. 우리 교육이 우리에게 의사소통이 쉬운 것처럼 잘못 가르치기 때문에, 사람들은 실제로 어려움에 부딪혔을 때 쉽게 낙담하고 포기한다. 문제의 본질을 이해하지 못하기 때문에 어떻게 해야 할지도 모른다. 의사소통이 이처럼 어려운 것은 놀랄 일이 아니다. 오히려 이토록 자주 의사소통이 이루어진다는 사실이 경이로울 따름이다.[15]

— 루엘 하우 Reuel Howe, 교육가

| 의사소통에 매번 실패하는 사람들 |

30대 중반 여성인 크리스틴이 한숨을 쉬며 말했다.

"글쎄, 이번에도 일을 망쳐버렸어요. 이번 추수감사절 주말 때 저희 부모님을 찾아뵈었거든요. 부모님들은 올해 안 좋은 일도 있었고 경제적으로도 어렵게 지내셔서 저는 그분들을 따뜻하게 위로해드려야겠다고 마음먹었어요. 그런데 부모님은 제가 애들을 잘못 키우고 있다고 잔소리를 하시는 거예요. 그 말을 들으니까 화가 나잖아요. 그래서 전, 그럼 엄마 아빠는 저랑 동생을 얼마나 잘 키웠냐고 대들었죠. 그 일로 우리는 30분 동안이나 싸웠고, 셋 다 큰 상처를 받았어요. 제가 친정에 갈 때마다 항상 그런 식이에요. 설령 부모님이 그런 말씀을 할 자격이 없다 하더라도, 저는 그분들을 사랑하고 함께 모였을 때는 화기애애한 시간을 보내고 싶어요. 하지만 왜 그런지 매번 서로 마음 상하는 말만 하게 돼요."

안타깝게도 크리스틴이 겪은 일은 주위에서 흔하게 일어난다. 부모와 자녀들 사이에서, 직장 상사와 직원들 사이에서, 동료나 친구 사이에서, 아니면 이 모든 사람들 사이에서. 우리는 마음속에 효과적인 의사소통을 하고픈 열망이 있는데, 그것이 왜 이렇게 어려운 것일까?

가장 큰 이유는 무의식적으로 의사소통 방해요소를 대화 속에 끌어들이기 때문이다. 대화하고 있는 당사자 중 어느 한쪽 또는 양쪽에게 해결해야 될 문제가 있거나 뭔가 불만이 있는 경우, 90퍼센트 이상은 이런 방해요소가 등장하는 것으로 추정된다.[16]

의사소통에 방해요소를 끌어들이는 것은 아주 위험한 대응 방식이다. 항상 그런 것은 아니지만 의사소통에 부정적인 결과를 초래할 가능성이 크기 때문이다. 특히 대화 당사자가 스트레스를 받고 있는 상황이라면, 부정적인 영향은 더욱 커지고 부작용도 광범위하다. 그것들은 상대방의 자긍심을 해치고 방어심리, 저항감, 분노를 일으킨다. 또한 독립심을 갉아먹고, 위축감과 패배감을 주며, 자신을 무능하다고 느끼게 만든다. 이는 방어적인 태도, 저항감, 그리고 원망을 불러일으키는 경향도 있다. 그것들은 의존성, 위축감, 그리고 패배감이나 열등감으로 이어질 수 있다. 각각의 장애물은 '감정 차단제' 역할을 한다. 이는 우리가 대화하는 사람들이 자신의 진정한 감정을 건설적으로 표현할 가능성을 낮춘다. 의사소통의 장애물은 이러한 부정적인 결과를 초래할 위험이 높기 때문에, 이를 반복적으로 사용하면 관계에 영구적인 손상을 줄 수 있다.

구체적으로 어떤 방해요소가 대화를 가로막을까? 칼 로저스, 루엘 하우, 하임 기너트Haim Ginott, 그리고 잭 깁Jack Gibb 같은 대인관계 전문가들은 대화를 방해할 수 있는 반응을 구체적으로 지적하여 설명했다.[17] 토마스 고든은 포괄적인 목록을 작성하여 대화 방해의 '12가지 주범'이라 이름붙였다. 여기에 포함되는 바람직하지 않은 대응 방식은 다음과 같다.[18]

① 비판하기 : 상대방에 대해, 상대방의 행동이나 태도에 대해 부정적으로 평가하는 발언을 하는 것이다. "네가 저지른 일이야. 너를 이 지경에 빠지게 한 게 너 말고 누가 있니." 이

런 말들이 여기에 해당된다.

② 인신공격 : 다른 사람을 무시하거나 그 사람에 대해 고정관념을 갖는 것이다. "이런 멍청이!", "꼭 여자들 같이……", "이 대머리!", "너 같은 보수 꼴통들은 다 똑같아", "당신도 어쩔 수 없는 아둔한 인간이야."

③ 진단하기 : 상대방이 왜 그렇게 행동하는지를 분석하는 것이다. 아마추어 정신과의사 노릇을 하는 것이다. "네 속이 훤히 들여다보인다. 내 성질을 돋구려고 이러는 거 다 알고 있어", "네가 대학을 나왔다고 나보다 잘났다고 생각하는 거니?"

④ 평가형 칭찬 : 다른 사람의 행동이나 태도에 대해 긍정적으로 판단하여 얘기하는 것이다. "넌 똑똑하구나. 너가 이 일을 잘 처리하리라고 믿는다." 교사가 10대 학생에게 "넌 정말 대단한 시인이야." 하고 칭찬할 수도 있다. (많은 사람들은 이런 칭찬이 왜 위험한 태도인지 이해하기 어려울 것이다. 이유는 나중에 설명하겠다.)

⑤ 명령하기 : 자신이 원하는 것을 다른 사람에게 시키는 것이다. "지금 당장 숙제부터 해", "왜라니?! 하라면 할 것이지!"

⑥ 위협하기 : 시키는 대로 하지 않으면 좋지 않은 일이 생길 것이라고 경고함으로써 다른 사람을 제압하려고 하는 것이다. "만약 네가 그 일을 안 하면……", "당장 조용히 하지 않으

면 반 전체가 오늘 집에 못 갈 줄 알아라."

⑦ 훈계하기 : 상대방이 어떻게 해야 하는지를 말해주는 것. 즉, '설교'하는 것이다. "너 이혼하면 안 돼. 애들이 어떻게 될지 생각해봐", "네가 더 아량 넓은 사람이 되어서, 그 사람한테 먼저 미안하다고 얘기하렴."

⑧ 과도하거나 부적절한 질문 : 폐쇄형 질문도 관계에서 장애로 작용하는 경우가 많다. 그런 질문들은 몇 단어로만 대답할 수 있는 것들, 흔히 간단한 '예/아니오' 식의 대답만 요구하는 경우가 많다. "언제 그랬는데?", "네가 한 일이 후회되니?" 심문받는 것 같은 기분이 들거나 말하는 이의 생각의 흐름을 방해하기도 한다.

⑨ 조언하기 : 상대방의 문제에 해결책을 제시하는 것이다. "내가 너라면 그 사람한테 쏘아붙여 주겠다", "그건 간단한 문제잖아. 먼저……"

⑩ 화제 돌리기 : 다른 얘기를 꺼냄으로써 상대방의 문제를 제쳐놓는 것이다. "너무 심각하게 생각하지 마. 재밌는 얘기 좀 해보자." 또는 "그것도 고민이라고 얘기하는 거니? 내 얘기 좀 들어봐."

⑪ 논리적 언쟁 : 감정적인 요소는 무시한 채 사실이나 논리에 호소하여 상대방을 설득하려 하는 것이다. "현실을 똑바로 봐

요. 당신이 차를 새로 안 샀으면 멋진 휴가를 보냈을 텐데요."

⑫ 위안하기 : 상대방이 겪고 있는 부정적인 감정을 털어버리게 하려는 것. "걱정할 것 없어. 새벽이 오기 직전이 가장 어둡다고 하잖아.", "다 잘 풀릴 거야."

| 왜 의사소통 방해요소가 위험한가 |

언뜻 보기에 위의 방해요소들 중 어떤 것들은 전혀 방해요소가 아닌 것으로 보일 수도 있다. 칭찬, 위안, 논리적 대응, 질문하기, 그리고 좋은 의도의 충고는 보통 인간관계에서 긍정적인 요소로 생각하는 것들이다. 그렇다면 왜 행동주의 학자들은 이 12가지 유형의 반응이 의사소통을 방해할 위험이 있다고 지목했을까?

먼저 이 12가지 대응 방식은 모든 의사소통을 가로막는 필연적인 방해요소라기보다는 아주 위험한 요소로 분류된다는 것에 주목하기 바란다. 이것들은 다른 방법을 썼을 때보다 대화를 중단시킬 가능성이 더 크고, 상대방의 문제를 효과적으로 해결할 기회를 차단하며, 두 사람을 정서적으로 멀어지게 할 가능성이 높지만, 이런 요소를 행해도 뚜렷한 부정적인 영향이 없이 넘어가기도 한다.

만약 어떤 이가 절실히 대화하고 싶거나 어려운 문제로 씨름하고 있을 때라면, 위에서 말한 의사소통 방해요소의 부정적인 영향은 훨씬 커질 것이다. 그럴 땐 다음 지침을 명심하는 것이 좋다. "당신이나 상대방이 스트레스를 받고 있는 상황이라면, 어떤 방해요소도 사용하지 말라." 하지만 안타깝게도 그런 위험한 대응을 가장 많이 하는 경우가 바로, 스트레스가 쌓여 있을 때이다.

의사소통의 12가지 장벽은 크게 세 부류로 나눌 수 있다. 판단하기, 해결책 제시하기, 그리고 상대방의 관심사를 회피하는 것이 그것이다.

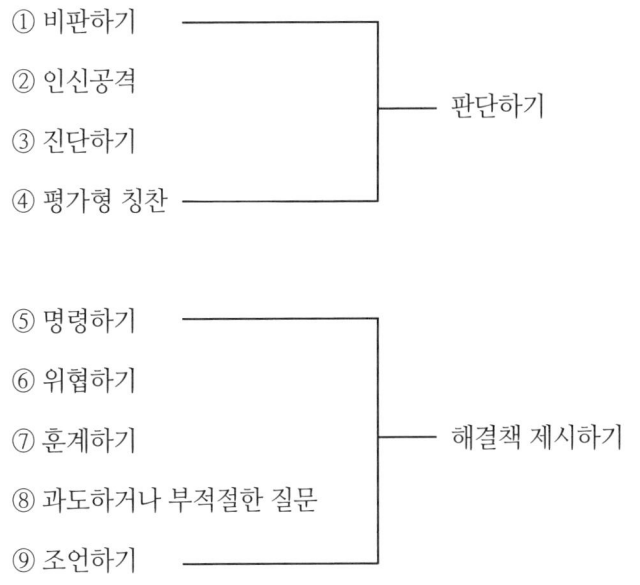

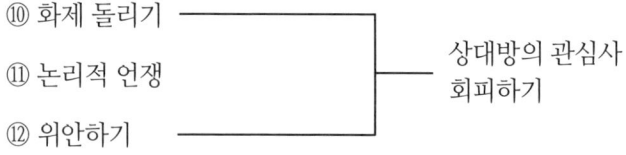

이제 고위험요소들의 주요 유형들을 각각 자세히 살펴보자.

| 판단하기, 가장 큰 방해요소 |

이 부류에는 4가지 방해요소가 있다. **비판하기, 인신공격, 진단하기, 평가형 칭찬**이 그것이다. 이것들은 모두 공통점이 있다. **다른 사람을 판단한다는 것이다.**

    심리학자 칼 로저스는 언젠가 의사소통에 관한 강연에서, 다른 사람과 의사소통하는 데 가장 큰 장벽은 바로 우리 안에 있는 판단하려는 성향이라고 주장했다. 상대방의 말에 동의하든 반대하든 말이다.[19]

    자신에게 판단하려는 성향이 있다는 것을 인정하는 사람은 거의 없다. 하지만 로저스는 그 강연에서, 판단하려는 성향은 사람들이 의식하고 있는 것보다 훨씬 광범위하게 퍼져 있다는 것을 청중들에게 보여주었다. 다음은 그가 강연한 내용의 일부이다.

"오늘 저녁 이 강연이 끝나고 나서 여러분은 친구에게서 '난 그 사람 말하는 거 맘에 안 들더라.' 하는 말을 들을지도 모릅니다. 그럼 여러분은 어떤 반응을 보일 것 같습니까? 십중팔구 그 말에 동의하거나 반대할 겁니다. 아마 이렇게 대답하겠지요. '나도 맘에 안 들더라. 지루해 죽는 줄 알았어.' 또는 이렇게 말할 수도 있을 겁니다. '왜, 나는 정말 좋았는데.' 다시 말하면 여러분은 여러분의 관점, 여러분의 평가 기준에 비추어서 자신이 들은 강연을 평가할 가능성이 높다는 것입니다. 다른 예를 들어볼까요? 제가 이런 느낌을 말했다고 칩시다. '요즘엔 공화당 사람들이 웬만큼 제정신이 든 것 같아요.' 이 말을 들었을 때 여러분은 어떤 반응을 보이게 될까요? 분명히 어떤 평가를 내릴 가능성이 높을 겁니다. 그 말에 동의를 하거나 반대 의견을 내놓을 수도 있고, 저에 관해 어떤 판단을 내릴 수도 있을 겁니다. '이 사람은 아마 보수적일 거야.'라든가, 아니면 '이 사람은 생각하는 게 꽤나 고리타분할 것 같은데……'라는 식으로 말입니다."

그 강연에서 로저스는 일반인들의 판단하기 좋아하는 성향을 얘기하며 중요한 점을 지적했다.

"대화를 나눌 때는 누구나 상대방의 말을 평가하는 경향이 있지만, 감정이나 기분이 개입된 상황에서는 그럴 가능성이 훨씬 커집니다. 그래서 감정이 격한 상태일수록 그 대화에서는 공감대가 없을 가능성이 큽니다. 거기에는 두 가지 생각과 두 가지 감정과 두 가지 판단이 있기 때문에, 심리적으로 멀어져 서로 상대방을 이해하지 못하는 것입니다. 여러분의 경험을 되돌아보면 분명히 알 수 있을 겁니다. 여러분은 감정적으로 흥분한 어떤 두 사람의 대화를 들으면서 이런 생각을 한 적 없습니까? '뭐야, 이 사람들 서로 딴 얘기만 하고 있잖아.' 맞습니다. 그 사람들은 서로 딴 얘기를 하고 있었을 겁니다. 서로 자신만의 기준에 따라 판단하고 평가하면서 말입니다. 그것은 진정한 의사소통이라고 할 수 없습니다. **다시 말하지만, 감정적으로 의미 있는 중요한 발언에 대해 우리 자신의 관점으로 평가하여 반응하는 경향은 타인과의 의사소통에서 가장 심각한 장벽입니다.**"[20]

‖ 비판하기 ‖

비판하기도 판단형 방해요소 중 하나이다. 많은 사람들은 비판적이어야 한다고 생각한다. 그렇지 않으면 상대방의 행동이 절대 나아지지 않을 것이라고 생각한다. 부모는 자식을 야단치지 않으면 그들이 부지런하고 예의 바른 어른이 되지 못할 것이라고 생각한다. 교사는 학생들을 비판하지 않으면 그 학생들이 제대로 배우지 못할 거라고 생각한다. 관리자들은 직원들을 비판하지 않으면 그들의 능률이 떨어질 것이라고 생각한다. 3장에서 우리는 비판(또는 다른 의사소통 방해요소)을 통해 달성하려고 하는 목표를 다른 방법을 사용하면 더 효과적으로 달성할 수 있다는 것을 알게 될 것이다.

‖ 인신공격이나 꼬리표 붙이기 ‖

상대방을 인신공격 하거나 꼬리표를 붙이는 것은, 양쪽 모두에게 알게 모르게 부정적인 영향을 미친다. '게으름뱅이', '폭력배', '만만한 사람', '이중적인 사람', '뒤통수 치는 사람', 이런 것들은 상대방에게 오명을 남긴다. 하지만 어떤 꼬리표는 후광을 만들기도 한다. '영리한 사람', '성실한 사람', '헌신적인 사람', 고성과자', '해내고야 마는 사람' 등이 그것이다.

어떤 사람한테 꼬리표를 붙이게 되면 우리 자신이나 다른 사람을 제대로 알 수 있는 기회가 차단된다. 꼬리표 때문에 우리는 그 사람이 아니라 그저 어떤 유형을 상대하기 때문이다. 심리학자 클라크 무스타카스_Clark Moustakas_는 이렇게 말한다.

"어떤 사람에게 꼬리표를 붙이거나 어떤 부류로 분류하면, 그 사람의 실체가 아니라 그림자만 본 것인데도 우리는 그 사람을 알고 있다고 착각하게 된다. 우리는 우리 자신과 다른 사람을 알고 있다고 확신하기 때문에 우리 주위에서나 우리 내부에서 어떤 일이 일어나는지를 제대로 알지 못한다. 알지 못하기 때문에 실체를 대면하려는 노력도 하지 않는다. 우리는 자신과 다른 사람을 정형화하기 위해서 꼬리표를 계속해서 붙이고, 이런 꼬리표들은 한 인간으로서의 의미, 특유한 느낌, 그리고 사람들과 더불어 성장하는 기쁨을 빼앗는다."[21]

‖ 진단하기 ‖

진단은 일종의 낙인 찍기이다. 화자가 말하고자 하는 실질적인 내용을 경청하는 대신, 청자는 화자가 이야기하는 문제에 대해 탐정 놀이를 한다. "문제가 보이네요……", "여기서 잘못된 거예요……", "분명히 당신은 이렇게 해야 해요……".

아마도 여러분도 저처럼 경험해보셨을 텐데, 한 사람이 상대방에게 방어적이거나, 자기기만적이거나, 죄책감이나 두려움 또는 다른 무의식적인 동기나 '콤플렉스'에서 비롯된 행동을 한다고 말할 때, 의사소통이 경직되거나 적대적이 되곤 한다. 도움을 주려고 하더라도, 진단을 내리는 것은 화자가 겪고 있는 문제의 복잡성과 영향을 최소화하고 종종 지나치게 단순화시킨다.

‖ 평가형 칭찬 ‖

일반적으로 많은 사람들은 진심 어린 칭찬이 인간관계에 도움이 된다고 믿고 있다. 대부분의 부모, 교사, 관리자들은 솔직하게 (무조건) 칭찬을 한다. 칭찬은 "자신감을 북돋우고, 마음을 편하게 해주고, 독창성을 자극하고, 배우려는 마음을 불러일으키고, 선의를 이끌어내며, 인간관계를 호전시키는 것으로 보인다."라고 하임 기너트는 말했다.[22] 따라서 얼핏 보기에 칭찬은 의사소통의 장애물로 여겨질 가능성이 희박하다. 하지만 **실제로 긍정적인 평가는 종종 부정적인 결과를 초래하기도 한다.**

칭찬은 가끔 사람들의 행동을 조종하기 위한 술책으로 사용된다. 어떤 저의를 갖고 칭찬을 할 때, 칭찬을 듣는 사람은 칭찬하는 사람이 자신을 지배하고 이용하려는 것에 분노를 느끼게 된다. 데이비드 옥스버거David Augsburger는 칭찬받는 것이 항상 사랑받는 것을 의미하는 것은 아니라고 지적한다. "칭찬할 때는 오히려 교묘한 의도가 숨어 있는 경우가 더 많다. 칭찬받는 것은 흔히 이용당하는 것이다. 자신이 칭찬받는 사람이라는 것은 흔히 상대보다 한 수 아래라는 것, 불리한 위치에 있다는 것, 달콤한 말에 넘어가는 사람이라는 것을 의미한다."[23]

숨은 의도가 없었더라도 칭찬은 해로운 결과를 낳는 경우가 많다. 혹시 칭찬받는 사람이 마치 위협에 대항하듯이 저항하는 모습을 본 적이 있는가? 상대방을 경계하거나 방어적인 태도를 취하는 사람은 이렇게 대응할 수 있다.

"별것도 아닌데요, 뭘."
"그저 제 일을 한 것뿐이에요."
"팀워크 덕분이죠."
"순전히 운 때문이었어요."

칭찬은 우리가 나누고 싶은 감사의 마음을 전달하는 가장 효과적인 방법이 아니다. 그 메시지는 제대로 전달되지 않는다. 사람들은 평가적 칭찬의 위험성에 대해 들으면, 행동과학자들이 말하는 모든 형태의 격려가 해롭다고 생각한다. 하지만 이는 전혀 사실이 아니다. 타인에 대한 긍정적인 감정을 표현하는 것은, 대인 커뮤니케이션의 중요한 요소다. 이를 건설적으로 실천하는 방법들은 ②권의 CHAPTER 2에서 설명하도록 하겠다.

| 해결책 제시하기 |

의사소통 방해요소의 또 다른 형태는 상대방에게 해결책을 제시하는 것이다. 그 해결책은 애정이 담긴 충고일 수도 있고, 질문을 이용한 간접적인 제시일 수도 있고, 권위를 내세운 명령일 수도 있고, 공격적인 위협일 수도 있고, 도덕적 내용의 조언일 수도 있다. 하지만 이런 식으로 해결책을 제시하는 것도 의사소통에 장벽이 될 수 있다. 특히 한쪽 또는 양쪽 당사자가 욕구불만이 있거나 어떤 문제를 안고 있을 때는 더욱 그렇다.

이런 경우, 해결책을 제시하다가도 원래의 문제를 해결하기는커녕 사태를 악화시키거나 새로운 문제를 만들기 십상이다. 당사자 스스로 해결책을 찾을 기회를 빼앗음으로써, 이러한 반응들은 의도치 않게 그 사람의 성장을 방해할 수도 있다.

∥ **명령하기** ∥

명령은 권력을 등에 업고 강압적인 태도로 제시하는 해결책이다. 강제력이 사용되면 사람들은 보통 저항감과 분노를 느낀다. 심하면 명령 거부로 맞설 수도 있으며, 항상 명령을 받기만 한 사람은 반대로 고분고분하고 복종적인 성격으로 변할 수도 있다. 명령은 상대방의 판단력을 믿을 수 없다는 의미를 담고 있기 때문에 명령을 받는 사람의 자존감을 해칠 우려가 있다.

‖ 위협하기 ‖

위협은 자신이 시킨 일을 하지 않으면 모종의 처벌이 있으리라고 강조하는 해결책이다. 위협으로 인한 결과는 명령으로 인한 부정적인 결과와 거의 같다.

‖ 훈계하기 ‖

사람들은 대부분 다른 사람에게 해결책을 제시할 때, 그럴 듯한 사회적, 도덕적 후광을 덧씌우고 싶어 한다. 그래서 자신의 생각을 사회적 지위, 도덕, 또는 권위 있는 이론으로 뒷받침한다. 훈계는 보통 "~ 해야 한다"는 말을 함께 사용하지만, 다른 단어를 대신 쓰기도 한다. "이렇게 하는 게 옳아", "요샌 우리 집에 자주 오지 않는구나" 같은 표현을 쓰는 것이다. 하지만 간접적으로 말한다 해도 그 안에는 "~ 해야 한다"는 말이 포함되어 있다.

도덕적으로 따지는 일은 비도덕적이다. 불안감과 적대감을 불러일으키고, 솔직한 자기 표현을 가로막으며, 가식적인 태도를 조장한다.

‖ 지나치거나 부적절한 질문 ‖

어떤 질문은 의사소통에서 적절한 역할을 하기도 하지만, 어떤 질문은 의사소통을 방해할 수 있다. 다음 예는 주위에서 흔히 볼 수 있는 판에 박힌 질문과 대답 같지 않은 대답이다.

"어디 갔다 왔니?"
"밖에요."
"밖에서 뭐 했는데?"
"아무것도 안 했어요."

날이면 날마다 미국의 부모들은 이렇게 묻는다. "오늘 학교에서는 어땠니?" 그리고 날이면 날마다 이런 심드렁한 대답을 듣는다. "좋았어요."

어떤 사람들은 계속해서 질문을 던지다가 대화를 완전히 중단시키고 만다. 이런 사람들은 사랑하는 사람이 얘기를 하지 않으면, 그들에게서 사소한 이야기라도 듣기 위해서 필사적으로 더 많은 질문을 퍼붓는다. 하지만 과도한 질문은 대화를 더욱 맥빠지게 만들 뿐이다.

질문에 중독된 사람들은 상당히 많다. 효율적으로 질문하는 방법이 있기는 하지만(이에 대해서는 다음 CHAPTER에서 설명하겠다.), 정도를 넘어선 과도한 질문은 대화를 실패로 이끌 가능성이 많다. 퀘벡에 있는 능력개발연구소 소장이었던 자크 랄란 [Jacques Lalanne]은 이렇게 주장한다. "일상적인 대화에서 질문은 직접적인 의사표현보다 훨씬 비효율적이다. 질문은 불완전하고 간접적이고 뭔가 감추어져 있는 듯하고 인간미가 없어, 결과적으로 방어적인 대응과 저항감을 초래하기 때문이다. 게다가 어떤 사람들은 정보를 얻기보다는 대화를 가로막거나 질문 받는 사람을 우회적으로 이용하기 위한 수단으로 질문을 이용한다."[24]

‖ 충고하기 ‖

충고도 가장 흔하게 사용되는 의사소통 방해요소 중 하나다. 심하면 '간섭 강박증'이 된다. 충고가 거의 효과가 없다는 근거를 알고 있고, 다른 사람들에게도 그렇게 가르쳐왔지만, 그리고 충고를 상당히 많이 줄였지만, 아직도 나는 다른 사람들에게 하지 말아야 할 충고를 하고 있다. 내게 충고의 함정은 끊임없는 유혹이며, 특히 내가 사랑하는 사람이 내게 문제를 상담해올 때 충고를 해주려는 경향은 더욱 강해진다.

그럼 충고가 뭐가 나쁘다는 것일까? 그것은, 충고가 기본적으로 상대방의 지적인 능력을 모욕하는 행위이기 때문이다. **충고는 상대방이 자신이 처한 문제를 이해하고 그것에 대처할 능력이 없다고 보는 것이다.** 노먼 케이건 Norman Kagan 이 표현했듯이, "사실상, 우리는 은연중에 그 사람에게 이렇게 말하고 있는 것이다. 내가 보기엔 답이 뻔히 보이는 문제를 가지고 뭘 그렇게 쩔쩔매고 있어. 바보 같이!"[25]

충고의 또 다른 문제는 충고하는 사람이 상대방의 고민거리를 완전히 이해하고 있는 경우가 거의 없다는 것이다. 사람들이 걱정거리를 누군가에게 털어놓을 때 그들이 얘기하는 내용은 '빙산의 일각'인 경우가 많다. 그래서 충고하는 사람은 상대방의 복잡한 상황과 감정, 그리고 표면적인 내용 아래 숨어 있는 다른 수많은 요소들을 알 수가 없다. 사려 깊었던 전 스웨덴 외교관 다그 함마슐트Dag Hammarskjold는 이렇게 말했다.

"질문이 무엇인지
모르기 때문에
쉽게 대답하는 것이다."[26]

| 상대방의 관심사를 회피하는 것 |

어느 언론인이 말하기를, 대화의 제1법칙은, '화제에서 옆길로 새는 길이 보이면 누군가는 꼭 그 길로 들어선다'는 것이다. 다음 네 가지 방해요소 - 조언하기, 화제 돌리기, 논리적 언쟁, 위안하기 - 도 대화가 옆길로 새는 데 매우 큰 역할을 한다.

화제 돌리기

다른 사람의 문제에 대해 얘기하다가 자신의 문제로 이야기를 돌릴 때 가장 많이 쓰는 방식이 '화제 돌리기'이다. "그 말을 듣고 보니 생각나는데……"로 시작하는 구절이 바로 그 신호탄이다. 대화라는 이름으로 진행되는 것들 중 상당수가 이런 화제 돌리기의 연속에 불과하다. 식당에서 네 사람이 나누는 대화를 우연히 듣게 되었는데, 그것을 예로 들어보자.

> 인물 A : 이번 수술 받고 얼마나 아프던지! 도저히 참을 수가 없더라니까.
>
> 인물 B : 수술 얘기가 나와서 말인데, 나도 1976년에 메모리얼병원에서 맹장 제거 수술을 받았지. 통증은 어마어마했고, 뭐 병원에서 별다른 치료도 못 받았어.
>
> 인물 C : 우리 아들 녀석도 팔이 부러졌을 때 그 병원에 갔었는데. 담당이 베이어 선생님이셨어.
>
> 인물 D : 베이어 선생이 우리 동네 사는 거 알아? 그 의사 선생님은 늘 동네사람들을 초대한다던데. 어떻게 그걸 다 해낼 수 있지?

휴! 인물 A의 하소연은 어떻게 됐나?

사람들이 대화의 화제를 바꾸는 이유는, 상대방의 말에 귀를 기울여야 된다는 것을 모르거나 요령을 모르기 때문이다. 사람들은 관심의 초점을 자신에게 돌리기 위해 화제를 바꾸기도 하고, 그 대화 내용 때문에 마음이 불편해져서 화제를 바꾸기도 한다. 많은 사람들이 애정, 분노, 갈등, 죽음, 질병, 이혼, 그 밖에 자신의 내면에 긴장을 불러일으키는 화제들에 대해 얘기하는 것을 싫어한다. 그래서 그런 화제들이 대화의 초점이 되면 더 편안한 주제로 대화의 방향을 바꾸려 한다.

‖ 논리적 언쟁 ‖

논리에는 중요한 기능이 많다. 하지만, 상대방이 스트레스를 받고 있거나 다른 사람들과 갈등이 있는 상황에서 논리적인 해결책을 제시하는 것은 화를 돋울 가능성이 크다. 논리적으로 해결하는 것이 최선일 것 같은 상황에서조차 그 방법은 상대방과의 관계를 소원하게 만들 수 있다.

개인적인 스트레스나 대인관계 스트레스가 있는 상황에서 논리를 앞세울 때 생기는 가장 큰 문제는, 상대방과 감정적 연결이 어려워진다는 것이다. **논리라는 것은 사실에 초점을 맞추기 때문에 감정 문제를 고려하지 않는 것이 보통이다.** 고민이 있거나 인간관계에 어려움이 있을 때 중요한 것은 감정이다. 그러므로 감정을 연관시키지 않으려고 논리를 사용하는 사람은, 상대방이 그들을 가장 필요로 할 때 상대방에게서 달아나는 셈이다.

‖ 위안하기 ‖

"위안하는 게 도대체 뭐가 잘못됐다는 거죠?" 사람들이 자주 하는 질문이다. 다른 11가지 방해요소처럼, 위안하기도 사람들 사이를 갈라놓는 원인이 될 수 있다.

다음은 하임 기너트가 쓴 글이다.

> 거의 모든 부모들은 자녀들이 이렇게 말하는 걸 들어봤을 것이다. "저는 멍청해요." 자기 자식이 절대 멍청하지 않다는 것을 알고 있는 부모들은 자식들에게 그들이 아주 영리하다는 것을 확신시키려 한다.
>
> 아들 : 전 멍청해요.
> 아버지 : 넌 안 멍청해.
> 아들 : 아니에요. 멍청해요.
> 아버지 : 그렇지 않다니까. 전에 캠프 갔을 때 네가 얼마나 영리하게 잘했는지 기억 안 나니? 상담선생님도 네가 최고로 영리한 축에 든다고 생각하셔.

아들 : 선생님 생각을 아빠가 어떻게 아세요?

아버지 : 선생님이 나한테 그렇게 말씀하셨다.

아들 : 그래요? 항상 나한테 멍청하다고 말하는 그 사람이요?

아버지 : 그거야 농담이지.

아들 : 전 멍청해요. 정말이에요. 학교 성적만 봐도 알잖아요.

아버지 : 좀 더 열심히 하면 돼.

아들 : 전 이미 열심히 하고 있다고요. 그런데도 소용 없어요. 머리가 나쁜 거예요.

아버지: 넌 영리해. 확실해.

아들 : 전 멍청해요. 확실해요.

아버지 : (큰소리로) 멍청하지 않다니까!

아들 : 멍청해요!

아버지 : 멍청하지 않아, 이 멍청아!

기너트는 다음과 같이 설명한다.

자녀가 스스로를 멍청하거나 못생겼거나 나쁜 애라고 단정 지으면, 그의 자아상을 당장 바꿀 도리는 없다. 자신에 대한 뿌리 깊은 편견 때문에 그것을 바꾸려는 시도가 먹히지 않는 것이다. 그 아이는 아버지에게 이렇게 말하고 있는 것이다. "아빠가 무슨 말씀을 하시는지는 잘 알아요. 하지만 전 제가 영리하다는 말을 곧이곧대로 믿을 만큼 멍청하지는 않다고요."[27]

위안은 상대방 마음을 편하게 해주기 위한 행동이지만 결과는 정반대다. 'comfort(위안)'라는 단어는 라틴어 con(함께)과 fortis(격려하다)에서 왔다. 그것을 조합해서 문자 그대로 해석하면 "함께함으로써 격려하는 것"이라는 뜻이다. 하지만 다른 사람을 돕고는 싶지만 거기에 당연히 따르게 되는 감정적인 부담은 피하고 싶을 때 쓰는 방법이 위안이다.

| 열세 번째 의사소통 방해요소 : 지적하기 |

많은 사람들은 타인의 행동에서 이런 12가지 소통 장애를 발견하면, 꼭 그걸 지적하고 싶어한다! 이것이 바로 13번째 소통 방해요소다. 이런 행동은 자신이 소통 장애를 일으키고 있다고 말하는 것이다. 13번째 소통 방해요소는 '판단하기' 유형에 속한다. 그러므로 의사소통을 개선하고 싶다면, 남을 판단하는 것부터 시작하는 방식은 그리 좋은 방법이 아니다.

| 죄의식, 자책, 후회 |

의사소통 방해요소에 관한 설명을 들은 사람들은 대부분 죄의식으로 고민한다. 그때까지 자신들의 대화 방식 때문에 중요한 사람들과 멀어지게 됐을지도 모른다는 생각이 갑자기 드는 것이다. 교육을 받은 후 사람들은 이런 말을 많이 한다.

> "세 가지 부류의 방해요소를 배우고 난 후 가슴이 덜컥 내려앉더군요. 제대로 대응했더라면 좋은 결과로 이어졌을 상황들을 제가 망쳐놓았다는 것을 알게 됐거든요."
>
> "항상 제 자신을 '좋은 경청자'라고 생각해왔는데, 실제로는 제 방식이 대화를 가로막았다니, 상상도 못했어요."
>
> "선생님이 방해요소라고 하신 방식들을 저는 대화를 촉진하는 것으로 생각해왔어요. 그래서 정말 수도 없이 써왔는데! 후회스럽고 애석합니다. 저는 부모로서도 실패했고 교사로서도 실패했다는 생각이 듭니다. 제가 이것을 15년 전에만 알았더라도 얼마나 좋았을까요. 이런 것들이 방해요소라는 것도 모르고 어떻게 40년을 살아왔는지 모르겠습니다."
>
> "하지만 죄책감이 드는 한편, 희망도 생겼습니다. 해롭다는 것을 모르면 나쁜 방식들을 고치지도 못할 테니까요. 의사소

통 방해요소들에 관해 배운 것이 저한테는 긍정적인 행동 방식을 익히는 첫걸음이 될 겁니다."

누구나 가끔은 방해요소를 사용한다. 가끔 사용한다고 해서 관계에 치명적인 해가 되는 것은 아니다. 하지만 자주 사용한다면 무시 못 할 해악을 끼칠 것이다.

이런 나쁜 대화 습관은 고칠 수 있다. 이 책을 읽으면서 깨닫는 것도 큰 도움이 된다. 책을 읽으면서 여러분은 자신의 나쁜 습관 중 가장 먼저 고쳐야 될 것이 무엇이고, 완전히 뿌리 뽑는 데에 집중해야 할 습관은 어떤 것인지 깨달을 수 있을 것이다. 처음에는 지금까지의 대응 방식들이 몸에 배어 있어 바꾸는 데 어려움을 느끼고 절망도 하겠지만, 어떤 습관이든 그것을 바꾸는 데는 시간과 노력이 필요하다. 방해요소를 없애려고 노력하는 동시에 이 책의 나머지 부분에서 설명할 의사소통 기술을 사용해보기 바란다.

수천 년 전 어떤 철학자는 나쁜 습관을 근절하기 위해서는 그것을 없애려고 노력하기보다는 좋은 습관을 들여 대체하는 것이 훨씬 쉽다고 했다. 그 방식은 여기에서도 유효하다. 경청하는 방법, 자기 의견을 주장하는 방법, 갈등을 해소하는 방법, 그리고 사람들 간의 문제를 좀 더 효과적으로 해결하는 방법을 배워감에 따라 당신에게 있는 방해요소들은 분명히 사라질 것이다.

| **요약하자면…** |

 말하는 방식을 잘못 선택하면, 대화에 찬물을 끼얹을 수도 있고, 관계를 크게 해칠 수도 있고, 무기력감이나 분노, 의존성 또는 이 모든 감정에 불을 지필 수도 있다. 12가지 방해요소를 사용하면 상대방은 고분고분하고 복종적인 사람으로 변할 수도 있고, 또는 더 반항적이고 적대적이며 사사건건 따지는 사람으로 변할 수도 있다.

 대화를 방해하는 이런 요소들은 상대방의 자존심을 꺾고 의지력을 약화시킨다. 또한 스스로 결정하려 하지 않고 다른 사람의 평가에만 신경 쓰게 만들 수도 있다. 의사소통 방해요소는 우리 사회에 만연해 있어, 한쪽 또는 양쪽 당사자에게 문제가 있거나 강한 욕구불만이 있을 경우 대화의 90퍼센트 이상이 방해요소로 채워진다. 하지만 이런 나쁜 습관은 이 책의 나머지 부분에서 설명할 요령을 익히면 대부분 고칠 수 있다.

우리가 어떤 문제로 고민할 때 그것을 진심으로 이해해주고 애써 귀를 기울여주는 단 한 명의 친구가 있다면, 세상을 보는 눈은 달라질 것이다.[28]

_ 엘튼 메이요 Elton Mayo 박사

| PART 2 |
듣기 기술

CHAPTER 3

경청은 단순히
소리를 듣는 것 이상이다

나는 가끔 인간의 순수한 진실과 솔직함은 어떤 모습일까 곰곰이 생각해본다. 그것은 워낙 귀한 것이라 만나기가 어렵다. 게다가 듣는 사람이 누구인가도 아주 중요하다! 벽을 허물고 길을 평평하게 만들어주는 사람이 있는가 하면, 침입자처럼 억지로 문을 열고 우리 영역으로 들어오는 사람도 있다. 우리를 방벽 안으로 끌어들여 가둬버리고, 해자를 판 뒤 둘레에 담을 쌓아버리는 사람도 있다. 우리 사이를 깨뜨리고, 오직 우리의 불협화음에만 귀 기울이는 사람들도 있다. 그리고 항상 우리를 이상한 언어를 쓰는 이방인으로 여기는 사람도 있다. 그렇다면 우리가 들을 차례가 되었을 때, 우리는 어느 쪽에 속할까?[29]

_ 저자 불명

| 듣기의 중요성 |

보통의 경우, 깨어 있는 시간 중 '듣기'가 차지하는 비중은 다른 어떤 활동보다 크다. 다양한 분야에서 일하고 있는 사람들을 조사해본 결과, 그들은 깨어 있는 시간의 70퍼센트를 의사소통하는 데 보낸다.

구체적으로 보면, 쓰기는 9퍼센트, 읽기는 16퍼센트, 말하기는 30퍼센트, 그리고 듣기는 45퍼센트를 차지한다.[30] 다른 조사에서도 직업에 상관없이 모든 사람들에게 듣기가 차지하는 비중은 아주 높은 것으로 밝혀졌다. 이처럼 일상생활에서 듣기는 막대한

비중을 차지하기 때문에 효과적으로 듣는 능력이 중요하다.[31]

더구나 듣는 기술은 삶의 중요한 영역에서 굉장히 큰 영향을 미친다. 우정의 질, 가족들 간의 친밀감, 직장에서의 효율성, 이런 것들은 대부분 그 사람의 듣는 능력에 달려 있다.

하지만 안타깝게도, 훌륭한 청자는 찾아보기가 힘들다. 연구에 의하면, 순수하게 정보 차원에서 보더라도 말로 전달하는 내용 중 75퍼센트는 청자가 흘려듣거나 잘못 이해하거나 금방 잊어버린다고 한다. 이런 상황이니 그 말에 담겨 있는 깊은 의미를 간파하는 일은 훨씬 드물 것이다. 자신에게 정말로 중요한 문제를 얘기하고 있는데, 상대방은 진심으로 귀를 기울이지 않고 아무 생각없이 그저 앉아 있기만 한다는 것을 알았을 때, 얼마나 어이가 없고 서운하겠는가.

미네소타대학에서 경청에 관해 혁신적인 수업을 진행한 랄프 G. 니콜스Ralph G. Nichols 박사가 쓴 글 중에 이런 내용이 있다.

> 사실상 사람들은 너나 할 것 없이, 어떻게 들어야 하는지 모르고 있다. 그들은 잘 들리는 귀가 있지만, 듣기라는 목적으로 귀를 사용할 때 효율적인 기술이 필요하다는 것은 인식하지 못하고 있다. 몇 년 동안 우리는 사람들이 들은 것을 이해하고 기억하는 능력이 어느 정도인지 연구해왔다. 이 집중적인 실

험을 통해 우리는 다음과 같은 결론을 얻었다. 보통 사람들은 상대방이 한 말을 들은 직후에는 그 내용의 절반만 기억한다. 자신은 무척 신중하게 들었다고 생각하더라도 말이다. 시간이 지나면 어떻게 될까? 우리가 한 실험에 의하면, 사람들은 기억한 내용 중 3분의 1에서 절반 정도를 8시간 내에 잊어버린다.[32]

말한 내용이 '한쪽 귀로 들어왔다 다른 쪽 귀로 나가는 경우'는 다반사다. 듣기 능력이 서툰 주된 이유는, 대부분 어렸을 때부터 안 듣는 훈련을 열심히 받기 때문이다. 심리치료사인 프랭클린 언스트Franklin Ernst는, 아이들이 가장 영향을 많이 받는 시기에 흔히 '경청하지 말라'는 명령을 지속적으로 주입받는다고 지적했다.[33] 부모들이 이런 식으로 말하기 때문이다.

"너무 호들갑 떨지 마라."
"못 들은 걸로 해라."
"그 말을 너무 심각하게 받아들이지 마."
"예민하게 굴지 마."
"그 애들은 자기들이 한 말을 네가 듣고 고민한다는 걸 알면 좋아할 테니, 못 들은 척해."

부모들은 이런 식으로 말할 뿐만 아니라 몸소 실천하는 모습을 보여주기까지 한다. 다른 사람이 말할 때 집중해서 듣지 않고, 자주 끼어들고, 수많은 의사소통 방해요소를 끌어들이기도 한다. 어른들의 말과 행동을 보면서 우리는 어린 시절부터 듣지 않는 사람이 되는 방법을 배워온 것이다.

학교 교육도 효과적인 듣기 기술을 방해하는 데 일조한다. 대부분의 학교에서 읽기는 6년 동안 가르친다. 책을 잘못 읽을 때는 개인지도를 하기도 하고 속독을 가르치기도 한다. 하지만 효과적인 듣기 기술을 가르치는 학교는 거의 없다. 상황이 이렇다 보니 학교 졸업 후 듣는 시간이 읽는 시간의 세 배나 되는 사회생활에서 우리는 많은 어려움을 느끼는 것이다.

학생들은 학교에서 효과적인 듣기 기술을 배우는 것이 아니라 안 듣기 기술을 배우고 있다. 부모들과 마찬가지로 교사들도 대부분 훌륭한 청자가 못 된다. 집중해서 듣지 않고 잘 끼어들고 여러 가지 의사소통 방해요소를 사용한다. 뿐만 아니라 대부분의 교실에서는 말하는 시간에 비해 듣는 시간의 비율이 학생들이 감당할 수 없을 정도로 높다. 어떤 전문가들은 우리가 들을 때 집중하는 시간은, 들은 시간의 3분의 1이나 3분의 2밖에 되지 않는다고 주장한다. 정확한 비율이 얼마든, 말을 하거나 대답하지 않고 오랫동안 듣고만 있을 때 그 효과는 사정없이 떨어져, 결국 우리

머리는 상대방이 말하는 내용이 아니라 다른 생각을 하게 된다. 학생들도 학교에서 들려주는 모든 내용을 효과적으로 들을 수 없기 때문에 다른 사람이 말할 때 신경을 쓰지 않게 된다. 게다가 교사들이 하는 말은 대부분 반복적이고 따분하기 때문에 이런 경향은 점점 더 강해진다.

우리는 대부분 서툰 청자가 되는 훈련을 받아왔다. 하지만 역설적이게도 다른 어떤 활동보다도 듣는 활동을 많이 하고, 듣기 능력은 인간관계나 직장 업무에 굉장히 큰 영향을 끼친다. 이번 장의 나머지 부분에서는, 듣기란 무엇인지, 듣기 기술에는 어떤 것들이 있는지 알아보고 기본적인 내용을 소개하겠다.

| 듣기란 무엇인가 |

우선 '들리는 것(hearing)'과 '듣는 것(listening)'의 차이점을 구분하는 것이 도움이 될 것이다. 존 드레이크포드 John Drakeford 교수에 의하면, 들리는 것은 "귀가 소리를 받아서 뇌에 전달하는 생리학적 지각 과정"을 말한다. 한편, 듣는 것은 좀 더 복잡한 정신적 과정으로서, "지각한 내용을 해석하고 그것의 중요성을 이해하는 것"이다.[34] 다른 말로 하면, 다른 사람이 말하는 것이 들리더라도 실제로는 듣지 않을 수 있다는 것이다. 어느 10대는 이것을 다음과 같이 표현한다. "제 친구들은 제가 하는 말을 들어주지만, 저희 부모님은 제 말을 흘려들어요."

언젠가 내가 친구인 알렉스에게 얘기를 하고 있었는데, 그 친구는 내가 말하는 내용을 귀담아듣는 것 같지 않았다. "너 내가 말하는 거 안 듣고 있지!" 내가 화를 냈다. "아니야, 듣고 있어!" 그가 대답했다. 그러고는 내가 한 말을 한마디도 빠뜨리지 않고 다시 말했다. 내 말은 그의 귀에 정확히 들렸지만 그는 경청하지 않았다. 내가 전달하려고 한 의미를 이해하지 못한 것이다. 당신도 비슷한 경험을 해봤을 것이다. 그리고 정확히 듣기는 하지만 이해 못하는 사람에게 얘기하는 것이 얼마나 맥빠지는 일인지 잘 알고 있을 것이다.

단순히 듣는 것(hear)과 귀를 기울여 듣는 것(listen)이 큰 차이가 있다는 것은 단어의 어원만 봐도 알 수 있다. 'listen'이라는 단어는 두 개의 고대 영어에서 나왔다. 하나는 '귀에 들리다'라는 뜻의 hlystan이고, 다른 하나는 '긴장하며 기다리다'라는 뜻인 hlosnian이다. 이처럼 듣는다는 것은 귀로 상대방이 하는 말을 듣는 것과 동시에 마음을 기울여 기다린다는 것을 의미하며, 그런 점에서 듣기는 상대방과의 진정한 심리적 연결이라 할 수 있다.

| 듣기 기술의 유형 |

유능한 청자가 되는 것은 쉬운 일이 아니다. 여기서는 배우는 과정을 하나의 기술, 비슷한 유형의 기술들끼리 묶어서 한 번에 하나의 기술, 또는 같은 성격의 기술들에 집중할 수 있도록 했다.

하나의 기술 또는 같은 유형의 기술들에 초점을 맞추는 것은, 기술을 가장 효과적으로 익히는 방법이다. 이런 방식을 따르면 독자들은 한 가지 유형의 기술을 익히고 그 영역에서 자신이 발전한 모습을 확인한 뒤, 그 다음 좀 더 수준 높은 기술로 넘어가게 된다. 듣기 기술의 각 유형을 배운 다음에는, 그 다양한 기술들을 치밀하고 통합적인 방식으로 사용할 수 있다.

이 책에서 다룰 듣기의 세 가지 유형은 다음 페이지의 [표3.1]과 같다.

---

*주의집중과 경청에 대한 지침을 실천하기 어렵거나 불가능한 장애가 있는 독자를 위한 안내 : 이런 기술의 핵심은 심리적 존재감을 만들어내는 것인데, 즉 말하는 사람이 청자인 여러분의 관심과 참여를 진심으로 느낄 수 있도록 하는 것이다. 이 장의 나머지 부분을 읽으면서, 여러분의 개인적인 상황에 맞게 이러한 기술들을 적용하는 방법을 찾을 수 있기를 바란다.

듣기의 유형	구체적 기술
주목 기술	· 집중하는 태도
	· 적절한 몸짓
	· 눈 맞추기
	· 차분한 주위환경
동행 기술	· 대화의 문을 열게 하기
	· 최소한의 격려
	· 개방형 질문
	· 주의 깊은 침묵
반사 기술	· 바꿔 말하기
	· 감정 반사하기
	· 의미 반사하기(들은 내용에 감정을 결합하기)
	· 요약적 반사

[표3.1] 듣기의 3가지 유형

| **주목 기술** |

주목한다는 것은, 당신이 상대방의 말에 집중하고 있음을 표현하는 것이다. 나는 이것을 '온몸으로 듣기'라고 한다. 주목하기는 상대방의 말을 당신이 주의 깊게 듣고 있다는 것을 보여주는 비언어적 대화이며, 이때 필요한 것은 집중하는 태도, 적절한 몸짓, 눈 맞추기, 차분한 주위환경 등이다.

‖ 주목할 때와 주목하지 않을 때의 영향 ‖

인간관계에서 주목하는 기술을 능숙하게 사용한다면, 그 효과는 엄청나다. 주목하기는 당신이 상대방과 상대방의 얘기에 관심이 있음을 보여주는 것이다. 이는 상대방으로 하여금 머리와 가슴속에 있는 중요한 내용을 자연스럽게 표현하도록 도와준다. 반대로, 당신이 주목하지 않았을 때 상대방은 얘기하고 싶은 마음이 사라진다.

앨렌 아이비와 존 힝클_{John Hinkle}은 심리학과 수업에서 주목이 미치는 역할을 연구하여 그 결과를 발표했다. 그들은 주목하기 행동을 훈련받은 학생 여섯 명을 어느 교수의 수업에 참석시켜 그것을 비디오로 녹화했다. 학생들은 처음에는 보통 학생들처럼 행동했다. 물론 그 교수는 학생들이 미리 준비한 계획에 대해 모른 채 강의에만 신경 쓰며 수업을 진행했다.

그는 제스처를 전혀 사용하지 않았고 말투도 단조로웠으며, 학생들에게도 거의 신경을 쓰지 않았다. 그러다가 사전에 약속한 신호를 받은 학생들이 집중해서 듣는 태도를 보이기 시작했다. 그러자 30초도 안 되어 교수가 처음으로 제스처를 보이더니, 말하는 속도도 점차 빨라지며 교실 분위기가 활기차게 변해갔다. 간단한 주목하기 행동으로 분위기가 완전히 바뀐 것이다. 다시 신호를 받고 학생들이 주목하기를 중단하자, 교수는 어색하게 호

의적인 반응을 찾다가 곧이어 처음 시작할 때처럼 재미없는 강의 방식으로 되돌아갔다.[35]

상대방이 내 얘기에 완전히 집중하고 있음을 깨닫는 것은 아주 인상적인 경험이다. 〈새터데이 이브닝포스트 Saturday Evening Post〉지의 표지 사진을 맡으면서 명성을 얻은 노먼 록웰 Norman Rockwell은 아이젠하워 Eisenhower 대통령 사진을 찍을 때의 경험을 이렇게 이야기한다.

> 장군과 나는 정치나 선거운동 같은 얘기는 하지 않았고, 주로 그림이나 낚시 얘기를 했다. 하지만 한 시간 반가량 그분과 함께 있었던 시간 중 잊을 수 없었던 것은, 나와 얘기할 때 그분은 완전히 내게 집중하는 태도를 보여주었다는 것이다. 그는 마치 세상 일에는 아무 관심이 없고 정치 집회에 갔다 온 것 같지도 않았고, 곧 있을 대통령 선거운동에도 관심이 없는 듯한 태도로 내 말을 들어주고 내게 얘기했다.[36]

다른 사람의 얘기를 들을 때 우리가 보여줄 수 있는 최선의 행동은 주목하는 것이다.

‖ 집중하는 태도 ‖

신체언어는 때로 말보다 효과가 더 크기 때문에 듣기에서 '집중하는 태도'는 무척 중요하다. 《인간의 영역: 우리는 시공간에서 어떻게 행동하는가 Human Territories : How We Behave in Space-Time》라는 책에서 앨버트 쉐플렌Albert Scheflen과 노먼 애쉬크로포트Norman Ashcraft 박사는 다음과 같이 주장했다. "신체의 각 부분이 어떤 자세를 취하느냐에 따라 대인관계가 오랫동안 돈독하게 유지될 수도 있고, 반대로 인간관계가 악화되어 서로를 회피하다가 결국은 깨지게 될 수도 있다."37 둘 사이에 장애물을 두지 않고, 듣는 사람이 말하는 사람의 맞은편에 적당한 거리를 두고 '열린 자세로 앉아, 몸을 약간 앞으로 기울인 채 편안하면서도 진지한 태도로 임할 때' 의사소통은 원활하게 진행된다.

훌륭한 청자는 상대방의 얘기를 듣는 동안 편안하면서도 진지한 태도를 통해 대화에 집중하고 있음을 보여준다. '지금 마음이 차분한 상태여서 당신의 얘기를 들어줄 여유가 있음을 보여주는 편한 자세와 당신이 내게 하려는 얘기가 중요하다는 것을 알고 있고 그것을 이해할 준비도 되어 있음을 의미하는 진지한 자세' 사이에서 균형을 맞추는 일이 중요하다. 이 두 가지 메시지를 몸으로 동시에 나타내면, 듣는 태도는 제대로 준비된 것이다.

말하는 사람 쪽으로 몸을 기울이는 것은 등받이에 몸을 기대거나 의자에 함부로 뻗대고 앉은 것보다 **더 많은 열정과 관심을 표현한다.** 마치 누군가의 이야기에 매료되었을 때 의자 끝에 걸

터앉아 마음 졸이며 듣는 것과 같다. 사람들은 집중할 때 몸을 앞으로 기울일 뿐만 아니라 의자의 앞부분에 앉는다. 반대로 어떤 사람들은 등받이에 기댄 시체처럼 몸을 뒤로 푹 파묻고 앉는다. 상대방이 그런 자세로 앉아 있는데 이야기하고 싶은 사람이 어디 있겠는가!

정면으로 바라보는 것, 즉 자신의 오른쪽 어깨를 상대방의 왼쪽 어깨와 마주보게 하는 것은 자신이 상대방에게 집중하고 있음을 효과적으로 표현해준다. 상대방이 우리를 정면으로 바라보지 않을 때 우리는 그의 의중을 '무관심'이나 '거부'의 의미로 받아들인다. 상대방을 정면으로 바라볼 때 한 가지 명심해야 할 것은 눈높이를 맞추는 것이다. 이것은 만약 당신이 우월한 지위에 있을 때, 즉 화자의 부모, 교사, 상사인 경우에 특히 중요하다. 상대방이 의자에 앉아 있는데 당신은 책상 끝에 걸터앉거나 서 있는 것은, 대화할 때 높은 장벽으로 작용한다. 어린아이를 키우는 부모들은 가정에서 대화할 때 이런 면에 마음을 쓰는 것이 무척 중요하다고 자주 이야기한다.

대화하는 동안 팔짱을 끼거나 다리를 꼬지 않고 열린 자세를 취하는 것도 중요한 요소이다. 완강하게 팔짱을 끼거나 다리를 꼬고 앉은 모습은 폐쇄적이고 방어적인 인상을 준다. 야구 경기에서 심판의 판정에 매니저가 항의하는 경우 벌어지는 광경은 거의 똑같다. 매니저가 팔을 내젓고 뭐라고 소리치며 심판에게 달려온다. 심판은 팔짱을 낀 방어적인 자세를 통해 '내 생각은 절대 바뀌지 않을 테니 어떤 항의도 소용없을 것이다'라는 뜻을 전한다. 아주 어린 학생들도 이런 태도를 취한다. 그들은 보통 부모한테 반항할 때 팔짱을 끼는데, 이것은 부모의 말을 받아들이지 않겠다는 심리를 나타낸다.

말하는 사람과 적당히 떨어져서 듣는 것도 경청할 때의 중요한 요소다. 말하는 사람과 듣는 사람이 너무 멀리 떨어져 있으면 의사소통이 제대로 되지 않는다. C. L. 라센$_{\text{C. L. Lassen}}$은 정신과 상담을 시작할 때 물리적인 거리가 어떤 효과를 발휘하는지 연구했다. 정신과의사들은 각각 환자들과 90센티미터, 180센티미터, 270센티미터의 거리를 두고 앉았다. 그리고 겉으로 보이는 행동과 환자가 자신의 상태를 보고한 결과를 토대로 환자들이 느끼는 초조감의 정도를 측정했다. 이 실험에서 라센은 환자는 의사와의 거리가 멀어질수록 초조감도 증가한다는 사실을 알아냈다.[38]

반면, 듣는 사람이 말하는 사람에게 너무 가까이 접근했을 때도 초조감이 증가했다. 어떤 심리학자들은 실험을 통해 보통 미국인들은 별로 친하지 않은 사람이, 오랫동안 90센티미터 이내에 자리 잡고 있으면 불편함을 느낀다는 사실을 보여주었다. 그 사람이 배우자나 가까운 친구라 할지라도 꽤 오랜 시간 동안 너무 가까운 거리에서 대화를 하다 보면 불편함을 느낄 수 있다. 하지만 적절한 거리가 어느 정도인지는 사회에 따라 다르고, 그 사회 내에서도 개인차가 있다. 대화를 자연스럽게 진행하려면 상대방이 어느 정도에서 초조감과 불안감을 느끼는지를 관찰한 후, 그에 따라 당신의 위치를 잡아야 한다.

‖ 적절한 몸짓 ‖

적절한 몸짓은 바람직한 듣기에서 핵심적인 요소다. 정신과 의사인 프랭클린 에른스트 주니어Franklin Ernst Jr.는 자신이 쓴 《누가 듣고 있는가?Who's Listening?》라는 책에서 이렇게 말했다.

> 듣는 것은 움직이는 것이다. 듣는 것은 화자로 인해 신체적으로 그리고 심리적으로 움직여지는 것이다. 움직임이 없는 사람, 눈을 깜빡이지 않는 사람은 분명히 듣지 않고 있는 사람이다. 눈에 띄는 움직임이 없고 6초에 한 번꼴로도 눈을 깜빡이지 않았다면, 실질적인 측면에서의 경청은 실패한 것이다.[39]

청자의 행동에 관한 연구에 따르면, 꼼짝 않고 앉아 있는 사람은 기계적이고 냉정하고 무관심하며 내성적인 인상을 준다. 반대로 활발한 몸짓 – 변덕스러움이나 초조함에서 나오는 몸짓이 아닌 – 을 보이는 사람은 친근하고 온화하고 편하고 진심으로 듣고 있는 듯한 인상을 준다. 사람들은 몸이 경직되어 있지 않고 조금씩 움직임이 있는 사람에게 얘기하기를 좋아한다.[40]

효과적인 경청을 위해서는, 상대방의 집중을 방해하는 불필요한 움직임이나 몸짓을 자제하는 것도 매우 중요하다. 훌륭한 청자는 말하는 사람의 이야기에 맞춰 자연스럽게 반응하며 움직인다. 훌륭한 청자는 화자의 말에 대한 응답으로 몸을 움직인다.

그러나 경청하지 않는 이들은 다음과 같은 몸짓을 보면 알 수 있다. 연필이나 열쇠를 만지작거리는 행동, 동전을 짤랑거리는 행동, 불안한 듯 안절부절 못하는 태도, 손가락으로 연신 책상을 두드리는 행동, 손가락 관절로 뚝뚝 소리 내는 행동, 몸의 무게중심을 이리저리 옮기거나 다리를 꼬았다 풀었다 하는 행위, 꼰 다리를 그네처럼 위아래로 흔드는 행위, 그 밖에 이런저런 습관적인 행동들이 여기에 해당된다. TV 화면을 쳐다보는 것, 지나가는 사람에게 손을 흔들거나 고개를 까딱거려 인사하는 것, 하던 일을 계속하는 것 – 식사 준비나 신문 읽기 같은 것 – 도 당신에게 얘기하고 있는 상대방의 집중력을 흐트러뜨리는 행위들이다.

‖ 눈 맞추기 ‖

효과적인 눈 맞추기는 상대방의 얘기를 잘 들으려는 의지와 흥미가 있음을 나타낸다. 눈 맞추기란 말하는 사람에게 눈을 부드럽게 고정시키고 때때로 얼굴에서 몸의 다른 부분으로 시선을 옮기는 것을 말한다.

눈 맞추기를 통해 화자는 상대방이 자신의 메시지를 잘 받아들이고 있는지를 평가할 수 있다. 그것을 통해 화자는 당신을 이야기 상대로서 얼마나 신뢰할 수 있는지도 가늠할 수 있다. 눈 맞추기를 통해 화자의 내면에서 우러나오는 소리를 들을 수 있다는 것도 중요한 일이다. 사실 효과적인 듣기라는 것이 상대방의 속얘기를 듣고 그가 경험한 일을 꿰뚫어보는 것이라면, 가장 좋은 방법은 눈이라는 '창'을 통해 그 내면 세계로 들어가는 것이다.

많은 사람들이 눈 맞추기를 배우는 데 힘들어한다. 대인관계에서 손을 어디에 두어야 할지 몰라서 그것을 배우는 데 한동안 고생하는 사람이 있듯이, 시선을 어디에 두어야 할지 몰라서 허둥대는 사람도 있는 것이다. 어떤 사람들은 상대방 얼굴에 어떤 감정이 나타나는 것을 감지하는 순간 눈을 돌려버린다. 그런 행동의 이면에는 상대방의 감정을 방해하지 않도록 또는 상대방이 곤혹스러워하지 않도록 배려하는 측면도 있다.[41] (화자가 언어로 하는 내용뿐 아니라 몸짓으로 하는 말도 포함된다.)

이것에 관해서는 뒤에서 살펴보겠지만, 화자의 눈을 똑바로 바라보지 못하는 또 다른 이유는, 그것이 인간관계를 맺는 가장

친밀한 방식이어서 애정이 깊어질 것을 염려한 사회에서 그것을 금기시하기 때문이다.[42]

상대방의 눈을 쳐다보는 것을 곤혹스럽게 느끼는 사람은 있어도, 주위 여기저기로 시선을 보내는 사람과 계속해서 대화하고 싶은 사람은 별로 없을 것이다. 나도 상대방이 그런 부류의 사람이라면 내가 하는 이야기에 집중할 수 없을 것이다. 눈 맞추기를 하지 않으면 상대방은 그것을 무관심이나 적대감의 표시로 받아들일 수도 있고, 자신을 무시하는 처사로 여길 수도 있다.

우리 사회에서 눈 맞추기를 잘하는 것은 좋은 대인관계에서 핵심이 되는 능력이다. 상대방이 불편하게 여기는 경우도 있어 무한정 사용할 수는 없지만, 그것은 듣기 기술에서 가장 중요한 요소 중 하나다. 눈 맞추기가 얼마나 중요한지를 깨닫게 되면, 많은 사람들이 그 금기를 뛰어넘을 수 있을 것이다. 아직 그것을 뛰어넘지 못한 사람은 편안함을 느낄 때까지 상대방의 얼굴을 쳐다보는 연습을 꾸준히 해야 한다.

‖ 대화에 집중할 수 있는 환경 ‖

대화에 집중한다는 것은, 한눈 팔지 않고 오로지 상대방에게만 주목한다는 것이다. 이것은 산만한 환경에서는 사실상 불가능한 일이다. 차분한 주변 환경, 두 사람 사이에 아무런 장애물이 없는 곳, 따뜻하게 맞아주는 듯한 장소, 이런 조건이 대화를 촉진한다.

들을 자세가 되어 있는 청자는 주위 환경에서 산만한 요소를 최소한으로 줄이려고 노력한다. 집이라면 텔레비전이나 오디오를 꺼서 신경 쓰이거나 정신 사납게 하는 요소를 없앨 것이다. 이것은 대화하는 데 아주 중요한 일이다. 필요하다면 텔레비전 콘센트를 뽑아놓을 수도 있고, 문 밖에 '들어오지 마시오'라는 팻말을 걸어놓을 수도 있다.

눈에 보이는 장애물만 제거해도 소통은 한결 수월해진다. 사무실에서는 말하는 사람과 듣는 사람 사이에 책상이 자리 잡고 있을 가능성이 크다. A. G. 화이트_{A. G. White}가 병원에서의 사례를 분석한 결과, 환자 중 55퍼센트는 상담을 시작할 때 의사와 자기 사이에 책상이 없을 때 편안함을 느꼈다고 한다. 책상이 있어야 편안함을 느낀 사람은 10퍼센트뿐이었다.[43] 책상은 권위적인 지위를 연상시킬 수 있기 때문에 어떤 사람들은 무력감이나 적개심을 느낄 수 있다. 듣는 사람과 책상을 사이에 두고 마주앉으면, 두 사람 간의 관계는 인간 대 인간이 아니라 임무 대 임무가 되어버린다. 만일 사무실이 너무 좁아서 책상에서 좀 떨어진 곳에 의자 두 개를 놓을 수 없다면, 화자가 앉을 의자를 책상 너머가 아니라 책상 옆에 두는 편이 좋다.

진심으로 집중하면 상대방의 신체언어도 잘 관찰할 수 있는

데, 이것은 듣기에서 중요한 요소다. 그런데 두 사람 사이를 책상이나 그 밖의 커다란 물체가 가로막고 있으면 상대방의 몸이 어떤 말을 하고 있는지 알아듣기가 무척 어려울 것이다.

∥ 심리적 주목 ∥

앞서 언급했듯이, 이런 기술들은 경청을 통해 상대방에게 심리적 존재감과 관심을 전달하는 데 그 목적이 있다. 신체적으로 주의를 기울이는 것은 이러한 심리적 존재감을 높이는 데 도움이 된다.

상대방의 말에 귀 기울이고 있다는 것을 거짓으로 흉내 내려 해도 그것은 금방 들통난다. 상대방의 말에 진심으로 귀 기울이고 있는 사람은, 그것이 얼굴과 몸에 생생하게 나타난다. 또한 진심으로 상대방과 '함께' 하지 않는 사람은 집중하고 있는 듯한 몸짓을 보여주더라도 틀림없이 속마음이 탄로난다.

∥ 집중하려고 의식적으로 노력하기 ∥

놀랍게도, 우리가 대화에 주목하는 요령을 가르치기 전에 사람들은 이미 그것에 관해 상당히 정확하게 알고 있었다. 세미나에서 강사들은 이렇게 얘기한다. "제가 얘기하는 내용에 여러분이 집중하고 있다면 어떻게 앉아 있을지 그 자세를 취해보세요." 그러자 대부분의 수강자들이 상당히 훌륭한 자세를 취했다. 다음에는 이렇게 말했다. "제가 얘기하는 내용에 전혀 관심없다는 듯한 태도를 몸으로 보여주세요." 이번에도 참석자들은 그것을 정확하게 보여주었다. 그들은 산만한 태도가 어떤 것인지를 정확히 이해하고 있었던 것이다. 그렇다면 주목하는 요령을 우리가 굳이 가르치려고 하는 이유는 무엇일까?

이런 요령을 가르치면 사람들이 주목에 대해 더 깊이 이해할 수 있기 때문이다. 사람들은 이러한 행동이 가진 놀라운 힘을 새삼 깨닫게 되고, 그동안 알고 있었지만 실천하지 않았던 것들을 실천하게 된다. 시의적절하게 주목하는 행동을 취한다면, 그 노력은 훨씬 두터워진 인간관계로 보상받을 것이다. 앨런 아이비는 이렇게 말한다.

> 어떤 사람들은, 의도적으로 주목하는 행동이 과연 실효성이 있을지 의문을 제기한다. 그들은 인생이란 각 개인이 '요령 가방'을 뒤져서 그것들을 각각의 실생활에 적용하는 과정이라는 데에 결코 동의하지 않는다. 경험에 비추어볼 때, 사람들은 가끔 의식적으로 주목하는 태도를 취하기도 한다. 그런데 일단 그런 태도를 보이면 얘기하던 상대방은 더 활기를 띠게 되고, 그렇게 되면 주목하던 사람은 자신이 의식적으로 주목하려 했다는 사실을 금세 잊고 정말로 주목하게 된다. 수강자

들은 대부분 의식적으로 주목하는 행동을 취하다가 결국에는 말하는 사람의 얘기에 정말로 빠져 자신의 행동에 관해 잊어버리곤 했다. 우리가 만난 여러 내담자와 교육생들은 처음에는 의식적으로 상대방의 말에 집중하려고 노력하다가, 어느새 대화에 푹 빠져 시간 가는 줄 모르는 경험을 하곤 한다. 상대방의 이야기에 진심으로 관심을 가지다 보면, 자연스럽게 화자의 세계에 완전히 몰입하게 되는 것이다.[44]

사람들은 의사소통을 주로 말을 주고받는 과정으로 생각한다. 하지만 이 분야를 전공하는 학생들은 의사소통은 대부분 언어를 통하지 않고도 이루어진다는 것을 배우게 된다. 자주 인용되는 연구 결과지만, 우리들이 하는 의사소통 중 85퍼센트는 말이 아니다! 그러므로 주목하는 것 – 듣기의 비언어적 부분 – 은 듣기 과정에서 가장 바탕이 되는 구성요소라 할 수 있다.

| **후속 기술** |

다음의 후속 기술은 경청의 음성적인 측면에 대한 것이다. 이 기술들은 화자에게 '당신의 말에 귀를 기울이고 있으니 계속 말씀

하세요.'라는 메시지를 전달한다. **이 네 가지 기술은 효과적인 듣기에 도움되는 요령들이다. 대화의 문을 열게 하기, 최소한의 격려, 개방형 질문, 주의 깊은 침묵이 그것이다.**

‖ 대화의 문을 열게 하기 ‖

사람들은 누구나 힘든 일이 있거나 즐거운 일이 생겼을 때, 그것에 대해 비언어적 단서를 드러내게 마련이다. 그들의 감정은 얼굴 표정, 목소리, 몸의 자세, 그리고 활기의 정도에 나타난다. 예를 들어, 토니는 평소 아주 생기 있는 모습이었는데, 최근 나흘 동안 사무실 대화에서 입을 다물고 잘 웃지도 않았다. 퇴근을 하려는 그녀에게 동료가 물었다.

"요 며칠간 당신답지 않아 보여요. 무슨 걱정거리가 있는 것 같은데 무슨 일인지 말해줄 수 있어요?" 이는 토니의 동료가 상대방의 말문을 열게 하는 방식이다.

문을 열게 하는 것은 상대방이 가슴속에 품고 있는 이야기를 시작하도록 부드럽게 유도하는 것이다. 때로는 말문을 열게 하는 데 별다른 노력이 필요하지 않는 경우도 있다. 화자가 하고 싶었던 얘기를 곧바로 털어놓을 때도 있지만, 토니처럼 할 얘기는 있지만 용기가 필요한 경우도 있고, 얘기를 하다가 그것을 계속해야 될지 망설이는 기색을 보일 때도 있을 것이다. 이럴 때는 그가 얘기를 계속하도록 격려해주어야 한다. "나는 지금 당신 얘기를 진지하게 듣고 있어요." 하고 얘기하는 것도 한 가지 방법이다.

그런데 이렇게 격려를 해줘야 할 때 오히려 말문을 닫게 하는 사람이 참 많다. 힘없는 발걸음으로 학교에서 돌아온 아이가 우울한 얼굴을 하고 있으면, 부모들은 흔히 아이들을 오히려 움츠러들게 하는 말을 던진다.

"너 오늘 표정이 꽤나 심각하다."
"이번엔 또 무슨 일이니?"
"네 심란한 기분을 나한테까지 옮기지 마."

때로는 무조건 안심시키려고 이렇게 말하기도 한다.

"기운 내."
"모든 게 잘될 거야. 항상 그랬어."
"무슨 일이 있었는지 다음주에는 기억도 안 날 거다."

충고를 던지는 것도 부모들이 잘 써먹는 요령이다.

"온종일 우울해하지 마라. 그렇다고 뭐가 달라지니?"

"네가 좋아하는 일을 좀 해보지 그러니?"
"무슨 일인지는 모르겠지만, 네 하루를 온통 망칠 만한 일이 아니라는 건 장담한다."

대화를 방해하는 이런 말보다는 얘기를 털어놓도록 도와주는 다음과 같은 말을 해주자.

"오늘 제대로 안 풀린 일이 있었나 보구나. 얘기하고 싶다면 들어줄 시간은 있는데……."
"오늘 무슨 안 좋은 일 있었니? 나랑 얘기 좀 할까?"

말문을 열게 하는 데는 보통 네 가지 요소가 필요하다.

1. 상대방의 신체언어를 표현하기 : "오늘 얼굴이 밝아 보이는구나", "오늘은 기분이 별로 안 좋은 것 같네."
2. 말문을 열거나 하던 얘기를 계속하도록 격려하기 : "얘기하고 싶은 마음 있니?", "그래, 얘기 계속해", "네가 하는 얘기 잘 듣고 있어."
3. 침묵하기 : 얘기를 할 것인지 말 것인지, 한다면 무엇을 얘기할 것인지 생각할 시간을 주는 것이다.

4. 주목하기 : 눈을 맞추고 상대방에게 관심과 흥미가 있다는 태도를 취한다.

이 네 가지 요소가 항상 다 필요한 것은 아니다. 언젠가 흉금을 털어놓고 지내던 한 친구가 내게 무슨 문제가 있다는 낌새를 챘다. 그는 의자에 앉으라는 시늉을 하며 조용히 말했다. "무슨 일인지 좀 들어보세." 간단히 이렇게만 말할 때도 있다. 또 어떤 때는 그가 편안히 앉아 내 쪽으로 몸을 기울이며 내가 얘기를 하도록 기다린다. 이는 서로 신뢰하고 속내를 털어놓고 지내는 사이에서나 가능한 일이다. 만약 다른 사람이 내게 그런 식으로 말했다면 나는 입을 열지 않았을 것이다. 어떤 방법이 가장 효과적으로 말문을 열게 하는지는, 청자의 성품, 두 사람 간의 관계, 그리고 그 밖의 다양한 요소들에 달려 있다.

상대방의 말문을 열게 하려면, 인간에게 상반된 감정이 양립할 수 있다는 것을 인정하고 그것을 존중해주어야 한다. 상대방은 자신의 마음을 털어놓고 싶으면서도 주저하고 있는 것이다. 그런 상반된 감정에 맞닥뜨린 상대방에게 대처하는 한 가지 방법은, 고통스러운 경험을 얘기하는 것이 얼마나 어려운지를 당신이 알고 있다고 그에게 얘기해주는 것이다. 상대방이 뭔가를 털어놓기 힘들어하는 것 같을 때는 이렇게 얘기해보라.

"뭔가를 털어놓는다는 건 정말 어려운 일이죠."

하고 싶은 말을 못 하고 있는 사람을 대하는 또 다른 방법은, 당신은 강요하는 것이 아니라 대화에 초대하려 한다는 것을 그에게 이해시키는 것이다. 말문을 열게 하려면 절대 강압적인 방법을 쓰면 안 된다. 하지만 안타깝게도 어떤 사람들은 상대방의 말문을 열게 하는 것이 아니라 억지로 끌어들이려 한다.

조이스 : 존, 침울해 보이는데. 나랑 얘기 좀 할래?
마커스 : 별로 할 얘기 없어.
조이스 : 뭔가 문제가 있다는 거 알아. 나한테 얘기해 봐.
마커스 : 지금은 안 하고 싶어.
조이스 : 속에 있는 말은 다 털어내버리는 게 좋아.
마커스 : 그래, 알아. 다음에 얘기할게.
조이스 : 하지만 기분이 안 좋을 때 당장 해버려야 하는 거야.

사려 깊은 사람들은 다른 사람의 프라이버시를 존중하고 일정한 선을 넘지 않도록 조심한다. 그들은 상대의 개인 영역을 침해하지 않고 인정해주며, 또한 상대방에게 결코 무리한 강요를 하지 않는다.

‖ 최소한의 격려 ‖

앞에서도 얘기했지만 청자의 가장 큰 역할은, 화자가 어떤 상황에 대해 자신이 보고 느끼는 대로 얘기할 때까지 여유를 갖고 기다려주는 것이다. 하지만 많은 사람들은 화자가 자신의 방식대로 얘기하도록 기다려주다가 대화에 참여하지 않게 만들기도 한다. 청자는 화자가 자기 얘기를 계속하도록 격려하면서도 그 과정에서 능동적인 역할을 해야 하는데, 이때 청자가 보이는 가벼운 반응을 '최소한의 격려'라고 한다.

최소한의 격려는 내가 상대방의 말에 귀 기울이고 있음을 그에게 알려주는 신호 같은 것이다. '최소한'은 대화 중에 청자가 말하는 양과 지시하는 양을 말하며, 둘 다 아주 적은 양이다. 그런 짧은 단어나 어구들이 화자에게 계속 이야기할 힘을 주기 때문에 '<u>격려</u>'라고 하는 것이다. 몇 마디 말을 통해 상대방은 당신이 그 이야기의 흐름에 끼어들거나 분위기를 깨지 않으면서 잘 듣고 있음을 느끼게 된다. '최소한의 격려'는 대화를 하는 도중 간간이 써먹어야 한다. 대화 초반에는 여세를 몰아주기 위해 조금 빈번하게 사용해도 좋다.

가장 많이 쓰이는 최소한의 격려는 간단히 "응, 응." 하는 것이다. 그 짧은 반응은 다음과 같은 의미를 전달한다. "그래, 계속해. 내가 열심히 듣고 있고 네 마음도 이해해." 청자가 보일 수 있는 간단한 반응으로는 여러 가지가 있다.

더 얘기해 봐.	당연히 그랬겠지!
그랬어?	응.
이를테면, 어떤 것?	정말?
알겠어.	저런!
맞아.	그리고?

분명히 당신이 많이 쓰는 말이 위에 있을 것이다. 청자가 한 마디씩 던지는 말이 반드시 화자의 의견에 대한 동의나 반대의 뜻을 나타내야 하는 것은 아니다. 진짜 목적은 '나는 당신의 말을 잘 듣고 있고 당신이 하려는 얘기를 잘 따라가려 노력하고 있다'는 뜻을 전달하는 것이다. 그러므로 내가 상대방의 말에 "맞아요!"라고 했더라도 그것이 반드시 내가 상대방과 생각이 같다는 뜻은 아니다. 단지 '듣고 있어요. 계속 하세요.'라는 의미이다.

이런 식의 반응을 소재로 한 우스갯소리도 있다. 정신과의사는 50분 내내 "네, 네."만 하다가 얘기가 끝나면 "다음주에 이어서 하시죠." 한다는 것이다. 확실히 이것은 너무 일면만 보고 과장한 얘기이다. 다양한 반응을 적절하게 사용한다면, 청자는 화자가 허심탄회하게 자신의 얘기를 털어놓도록 도와줄 수 있다.

‖ 예외적인 질문들 ‖

질문은 언어를 이용한 교류에서 중요한 역할을 한다. 다른 수많은 반응과 마찬가지로 질문에도 강점과 한계가 있는데, 효과적으로 질문하는 방법을 알고 있는 사람은 극소수이다. **우리는 질문에 너무 많이 의지하고 또한 잘못 사용하는 경향이 있다. 질문하는 사람들은 보통 화자보다는 자신의 의도나 시각, 관심사에 초점을 맞추는데, 그렇게 되면 질문은 대화에서 장애가 된다.**

질문에는 '폐쇄형 질문'과 '개방형 질문'이 있다. 상대에게 구체적이고 짧은 답변을 요구하는 것이 폐쇄형 질문이다. 때로는 "예"나 "아니오"로 한마디면 족한 경우도 있다. 반대로 개방형 질문은 질문하는 사람이 대답을 한정하지 않고, 상대방에게 자신의 생각을 설명할 여지를 준다. 폐쇄형 질문이 참, 거짓을 판단하는 문제나 객관식 문제라면, 개방형 질문은 주관식 문제라 할 수 있다. 부하직원이 사장실에 들어왔을 때, 사장은 다음의 개방형 질문과 폐쇄형 질문 중 하나를 던질 것이다.

폐쇄형 질문 : 아직까지 상황 정리가 안 됐나?
개방형 질문 : 지금까지 효과는 어떠한가?

보통은 개방형 질문이 바람직하다. 그것은 대화를 시작하려는 사람에게 의제를 제한하지 않기 때문이다.

너무 자주 사용하지 않고 능숙하게 사용한다면, 개방형 질문은 청자가 대화를 통제하지 않으면서도 화자를 더 잘 이해하게 해준다. 개방형 질문과 폐쇄형 질문을 연구한 모어랜드John Moreland와 필립스Jeanne Phillips, 그리고 록하트Jeff Lockhart는 이렇게 주장한다.

> **개방형 질문을 할 때 가장 중요한 점은, 누가 그 대화를 주도해야 하느냐이다.** 질문을 할 때 상담가는 의뢰인에 대한 자신의 관심보다는 의뢰인의 관심사를 중심으로 질문해야 한다. 그러기 위해서는 상담가 자신이 궁금해하는 사항들이 아니라, 의뢰인이 자신의 문제를 명쾌하게 정리하도록 도와주는 내용으로 질문을 구성해야 한다. 만일 상담가가 폐쇄형 질문 위주로 면접을 한다면, 그는 다음 질문을 생각해내야 하는 압박을 받기 때문에 의뢰인의 말에 제대로 집중할 수가 없다.[45]

폐쇄형 질문을 피하고 개방형 질문을 하는 것 외에 또 한 가지 명심해야 될 점은, 한 번에 한 가지 질문만 하라는 것이다. 연속해서 두 가지 이상의 질문을 하게 되면, 나중 질문은 보통 폐쇄형 질문으로 끝나게 된다. 질문자가 확신이 없을 때 두 가지 이상의 질문을 하는 경향이 있는데, 그것은 대화에 별 도움이 되지 않는다.

많은 청자는 질문을 하는 것을 상대에게 관심이 있다는 걸 보여준다고 생각하지만, 내가 의사소통 기술을 가르치면서 느낀 점은 대부분의 사람들은 질문을 너무 많이 하는 오류를 범한다. 한 번에 질문을 몇 가지씩 던지게 되면, 질문하는 사람은 대답하는 사람과 한편이 아니라 적대적인 관계가 될 수 있기 때문이다. 화자가 처한 상황을 화자의 방식대로 얘기할 기회를 주는 것이 아니라 대화 진행 방향을 지시하는 입장이 되어버리는 것이다. 나는 교육하면서 대부분의 사람들이 질문만 줄여도 더 훌륭한 청자가 될 수 있을 거라고 느꼈다.

‖ 주의 깊은 침묵 ‖

11세기 시인이자 현자인 솔로몬 이븐 가비롤Solomon ibn Gabirol은 "지혜의 시작은 침묵이다. 그 다음 단계가 듣는 것이다."라고 했다.

대부분의 청자는 말을 너무 많이 한다. 화자만큼 많이 하거나 오히려 더 많이 하기도 한다. 하지만 훌륭한 듣기의 핵심은 말없이 반응하는 기술이다. 당신이 말을 다 해버리면 상대방은 자신의 문제를 제대로 설명할 수 없기 때문이다.

듣는 사람이 침묵하고 있으면, 말하는 사람은 자신이 무슨 이야기를 하고 있는지 생각할 시간을 갖게 되고 그 문제를 더 깊이 응시할 수 있다. 그 과정에서 자신의 내면에서 격동하는 감정을 명확히 의식하게 된다. 또한 침묵은 화자가 자신의 보조대로 이야기를 이어갈 수 있게 해준다. 그것은 자신의 문제를 털어놓아야 할지 말아야 할지 갈등할 때, 판단을 내리도록 도와준다. 잦은 침묵의 시간 사이사이에 그는 이야기를 계속해야 할지 말아야 할지, 어느 정도 깊이까지 얘기해야 할지를 결정한다. 침묵이 얘기를 계속 진행하라는 가벼운 재촉의 기능도 할 수 있다. 대화의 중간중간에 침묵의 시간이 끼어 있고, 여기에 진지하게 주목하는 태도가 더해진다면, 그 효과는 정말 놀라울 것이다.

다음은 유진 헤리겔Eugen Herrigel이 격렬한 감정의 소용돌이에 빠져 있는 사람에게 침묵이 왜 그렇게 강력한 힘이 되는지를 묘사한 글인데, 나는 몇 년 동안 이 글을 여러 번 곱씹으며 읽었다.

> 어떤 사람이 겪고 있는 고통의 진정한 의미는, 오직 공감의 능력을 갖춘 사람만이 함께 느낄 수 있다. (중략) 점점, 그는 침묵 속으로 빠지고, 마침내 자기 내면으로 침잠한 채 오랫동안 아무 말없이 앉아 있을 것이다. 그런데 이상하게도 이 침묵은 상대방에게 무관심이나 적막한 공허감으로 - 고요함보다 흐트러짐에 가까운 - 느껴지지 않는다.
>
> 그것은 무수한 단어들보다 더 많은 의미를 갖고 있는 듯하다.

그 침묵은 신선한 힘이 솟아나오는 원천으로 그를 끌고 들어가는 것 같다. 그는 알 수 없는 자신감으로 충만해짐을 느낀다. (중략) 비참한 존재를 행복한 삶으로 이끌어줄 해결책이 나타나는 것은 아마도 이 시간 동안일 것이다.[46]

침묵은 고통받고 있는 이에게 일종의 진통제가 될 수 있지만, 동시에 환희의 순간에도 중요한 요소가 된다. 친근한 분위기의 침묵은 얼마나 아름다운가! 토마스 칼라일Thomas Carlyle과 랄프 에머슨은 어느 날 밤, 완전한 침묵 속에 몇 시간을 함께 앉아 있었다. 그러다가 그중 한 명이 일어나며 작별인사를 했다. "멋진 저녁 시간이었네!" 나도 그런 경험을 아내 도트와 함께 나눈 적이 많다. 우리는 벽난로 앞에 조용히 앉아 아무 말없이 상대방의 눈을 응시하며 서로의 애정을 느끼곤 했다.

할포드 루코크Halford Luccock는 이렇게 말했다.

이런 사랑의 침묵은 무관심이 아니다. 단순히 할 말이 없는 상태와는 다르다. 그것은 자신과의 긍정적인 교류이다. 시계 초침이 째깍째깍 가는 것을 들으려면 침묵이 필요하듯이, 침묵은 심장의 고동소리를 전해주는 매개물이다.[47]

우리와 함께 대화의 기술을 배우던 사람 중 절반 이상이 처음에는 침묵을 불편해했다. 그들은 대화에서 몇 초만 말이 끊겨도 어색해하며, 질문이나 충고 또는 다른 소리를 내서 자신을 불편하게 하는 그 침묵을 깨뜨리려 애를 썼다. 이런 사람들이 주목하는 초점은 상대방이 아니라 자신의 내면에 도사리고 있는 불안함이다. 그들은 사무엘 베케트Samuel Beckett의 《고도를 기다리며Waiting for Godot》에 나오는 인물과 – '우리는 침묵을 견디지 못하니까 조용히 이야기하자.'라고 얘기한 – 비슷한 유형이라 할 수 있다.[48]

다행히 대부분의 사람들은 비교적 짧은 시간의 침묵에 점차 적응해간다. 침묵 속에서 할 일을 찾은 사람들은 침묵이 대화에서 아주 중요한 요소라는 것을 깨닫고, 말이 끊어졌을 때 긴장하는 정도가 점점 약해졌다. 대화하다가 침묵의 시간이 오면, 훌륭한 청자는 다음과 같이 행동한다.

- **상대방에게 주목한다.** 청자의 그런 태도는 그가 화자와 진심으로 함께 있음을 보여준다.
- **상대방을 관찰한다.** 그는 말하는 사람의 눈과 얼굴 표정, 자세, 그리고 손짓이 모두 의사소통의 일환이라는 것을 알고 있다. 상대방의 이야기에 너무 정신이 팔리지 않으면, 그의 신체언어를 좀 더 명료하게 들을 수 있을 것이다.

- **상대방이 전달하는 내용에 대해 생각한다.** 그는 상대방이 한 말을 곰곰이 생각한다. 그가 지금 어떤 기분일지 짐작해 보고, 그에 대해 어떻게 반응해야 할지 준비한다. 그런 후, 반응으로 가장 적당하다고 생각되는 말을 고른다.

이런 일을 하느라 분주하기 때문에 청자는 침묵에 대해 불편해할 시간이 없다. 화자는 고민거리 때문에 관심의 초점이 자신에게 있지 청자에게 있는 것이 아니라는 사실을 깨닫고 침묵에 좀 더 의연해지는 사람도 있다.

침묵이 늘 최선은 아니다. 지나친 침묵은 오히려 침묵이 없는 것만큼이나 해로울 수 있다. 반응 없이 듣기만 하는 사람의 정신은 점차 무뎌지고, 말하는 사람은 그가 실제로는 듣고 있지 않다는 것을 알아차리게 된다. 필요한 순간의 지나친 침묵은 상대방에 대한 무반응과 공감 부족으로 여겨질 수 있다.

제대로 된 청자는 언제 말을 해야 하는지, 언제 침묵을 지켜야 하는지를 알고 있으며, 어떤 반응을 하든 편안함을 느낀다. 그는 건설적인 대화에서 침묵의 역할이 소중하다는 것을 잘 알고 있지만, 말로 반응을 보이는 일에도 능숙하다. 그런 청자는 로버트 벤칠리Robert Benchley의 다음의 말을 따르는 사람이다. "정확한 언어의 명령에 따라, 나는 아무 말도 하지 않았다."

| 요약하자면… |

듣기는 상대방이 하는 말을 귀로 받아들이는 것뿐 아니라 말하는 상대방과 관계를 맺는 행위이기도 하다. 듣기는 우리가 깨어 있는 시간 중 다른 어떤 활동보다 차지하는 비중이 크고, 친구나 가족관계, 그리고 업무 효율과 직결되어 있는 중요한 활동이다.

편의상 이 책에서는 듣기를 크게 세 가지 기술로 나누어 보았다. 주목하기 기술, 동행 기술, 그리고 반사 기술이다. 주목하기 기술은 집중하는 자세, 눈 맞추기, 적절한 몸짓, 그리고 청자와 화자가 심리적으로 동행할 수 있을 만한 차분한 환경이 포함된다. 후속 기술은 말문을 열도록 도와주는 것, 최소한의 격려, 개방형 질문, 그리고 주의 깊은 침묵은, 청자가 화자의 이야기에 집중할 수 있게 해주는 기술들이다.

다음 CHAPTER 4에서는 반사적 듣기 기술에 대해 설명하도록 하겠다.

‖ CHAPTER 4 ‖

반사하는 듣기의 4가지 기술

대화에서 듣는다는 것은 단어 자체의 뜻이 아니라 진정한 의미를 파악한다는 뜻이다. 단지 음악을 들을 때 그 '음악' 만을 듣는 것이 아니라 그 음악가가 말하고자 하는 바를 듣는 것과 같은 이치다. 그가 알고 있는 것을 듣는 것이 아니라 말하는 이가 어떤 사람인지 듣는 것이다. 귀는 소리의 속도로 작동하다 보니 빛의 속도에 반응하는 눈보다 그 반응이 훨씬 느리다. 생성적 듣기 Generative Listening 란 내면에 더 깊은 고요를 만들어 마음의 듣기 속도를 귀의 반응 속도에 자연스럽게 맞추고, 말의 깊은 의미를 들을 수 있게 하는 기술이다.[49]

_피터 센게 Peter Senge, 작가 및 교육자

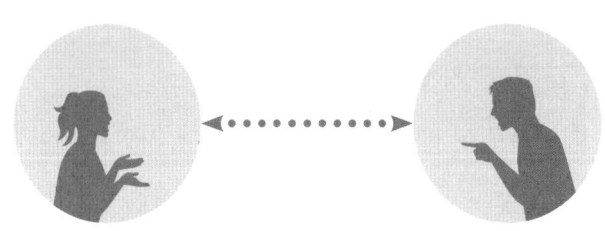

앞장에서 듣기의 신체적 언어에 초점을 맞추어 주목하는 기술과 후속 기술에 대해 다루었다.

듣기의 또 다른 중요한 부분으로는 반사 기술이라 불리는 언어적 측면의 기술이다. 이는 상대방이 경험한 생각과 감정을 이해했음을 보여주는 중요한 기술이다. 이 장에서는 반사 반응이 무슨 뜻인지를 정의하고, 바꿔 말하기, 감정 반사하기, 의미 반사하기, 그리고 요약하여 반사하기 등을 의미하는 반사 반응에 대해 알아보고자 한다.

| 바꿔 말하기 |

바꿔 말하기는 화자가 말한 핵심 내용을 청자가 간결하게 자신의 말로 바꾸어 다시 말해주는 것이다. 여기에서 중요한 것은 '핵심이 되는 내용'과 '청자 자신의 말'이다.

우선, 제대로 된 바꿔 말하기는 간결하다. 사람들이 이 기술을 처음 사용할 때는 말을 너무 많이 하는 경향이 있다. 어떤 경우에는 바꿔 말한 내용이 원래 화자가 한 말보다 더 길어지기도 한다. 바꿔 말한 내용이 간단명료하지 않으면 화자의 생각의 열차는 궤도를 벗어날 우려가 있기 때문에 유능한 청자는 그것을 압축해서 들려준다.

둘째, 효과적인 말 바꾸기는 화자가 한 말의 핵심을 담고 있다. 그러므로 화자가 말한 것 중 쓸데없는 부분을 쳐내고 내용의 핵심에 초점을 맞춰야 한다. 훌륭한 청자는 상대방의 말에서 어떤 것이 중심이 되는지를 잘 간파하여 그것을 되돌려 들려준다. 2500년 전, 그리스 철학자 헤라클리투스Heraclitus는 이렇게 말했다. "본질에 귀 기울여라."

바꿔 말하기의 세 번째 특징은, 화자가 말하는 메시지의 내용에 초점을 맞춰야 한다는 것이다. 말하는 사람의 감정이 아니라 사실과 생각이 중요한 것이다. 내용과 감정을 엄격히 구분하는 것은 억지스러운 면이 있지만, 어쨌든 중요한 것은 메시지가 주는 내용이다.

마지막으로, 효과적인 바꿔 말하기를 위해서는 청자 자신의 언어를 사용해야 한다. 다른 사람의 말을 그대로 되풀이하는 것과 자신의 말로 다시 표현하는 것은 하늘과 땅 차이다. 앵무새처럼 그대로 따라하기만 하면 대화가 더 이상 진전되지 않지만, 상황에 맞게 적절히 바꾸어 말하면 서로 간의 대화가 오히려 더욱 깊어질 수 있다.

모린과 그녀의 친구 킴의 대화 한 토막을 엿들어보자. 모린은 아이를 낳아야 할지, 다니는 광고회사에서 계속 경력을 쌓을 것인지 결정을 내리지 못하고 있다.

> 모린 : 아이를 가져야 할지, 말아야 할지 모르겠어. 나는 지금 하고 있는 일이 너무 좋은데……, 자극도 되고 도전의식도 심어주고 월급도 많으니까. 하지만 아이를 낳고 전업주부가 되고 싶은 마음이 간절할 때도 있어.
>
> 킴 : 너는 네 일을 무척 좋아하지만 가끔은 엄마가 되고 싶은 욕구도 강하게 느낀다는 거지?
>
> 모린 : (고개를 끄덕인다.)

킴은 모린이 한 얘기에서 핵심을 끄집어내어 자신의 언어로 간결하게 다시 말한 것이다.

킴이 보여준 것이 바꿔 말하기다. 바꿔 말하기가 제대로 되었을 때 상대방은 거의 항상 이렇게 대답한다. "그래", "맞아", "내 말이 그 말이야", 또는 고개를 끄덕이거나 다른 방식으로 동의를 표시할 것이다. 위의 짤막한 대화에서 모린은 킴이 자신의 말을 정확히 이해했다고 확인해주었다. 만일 바꿔 말한 내용이 정확하지 않다면, 처음 말한 사람은 그 부분을 바로잡아줄 것이다.

듣기 기술을 배우는 사람들은 처음에는 대부분 상대방이 한 말의 핵심을 다시 말하려 할 때 부자연스러운 느낌을 받는다. 게다가 그것이 '효과가 있다'는 말을 수긍하지 않는 사람도 많다. 그들은 반사 기술을 사용하면 상대방이 모욕을 받았다고 느끼거나 그보다 더 나쁜 기분이 들 것이라고 생각한다.

> "자기가 방금 한 말을 제가 다시 하면, 우리 남편은 저더러 미쳤다고 할 거예요."
>
> "뭐라고요? 저보고 조립라인에 있는 저 사람들이 한 말을 모조리 다시 하라고요? 그럼 이 공장에서 전 웃음거리가 될 겁니다."
>
> "우리 애는 이렇게 말할 거예요. '엄마 정말 이상하다. 내가 방

금 한 말이 그거잖아?'라고요."

하지만 의식하지 못할 뿐 대부분의 사람들은 이미 바꿔 말하기를 하고 있다. 누군가 당신에게 자기 전화번호를 불러주면, 분명히 당신은 정확히 들었는지 확인하기 위해 적으면서 그것을 되풀이해서 말할 것이다. 또 누군가가 몇 마일 떨어져 있고 가는 동안 방향을 몇 번 바꿔야 하는 어떤 장소를 가르쳐준다면, 당신은 정확히 알아들었는지 확인하기 위해 들은 내용을 다시 반복할 것이다. 그런 구체적인 정보는 정확히 확인하지 않으면 전달된 내용을 신뢰할 수 없다는 것을 우리는 경험을 통해 알고 있다. 전화번호를 잘못 누르는 경우도 많고, 길을 잘못 접어든 경우도 부지기수일 것이다.

커뮤니케이션 전문가들은 사람들이 특별한 경우에만 사용하는 이 방식을 대화할 때도 빈번하게 그리고 더 요령 있게 활용해야 한다고 주장한다. 일상적인 대화에서 주고받는 내용이 더 명확해져서 해로울 일은 없을 것이다. 바꿔 말하기는 오해의 여지를 상당히 줄이는 방법이다. 그러므로 정확히 들었는지를 확인하기 위해 전화번호를 확인하는 방식은 좀 더 다양한 영역에서 사용하는 것이 좋다.

| 감정 반사하기 |

감정 반사하기는 상대방이 표현하는 감정을 짧고 명확하게 다시 전달해주는 것을 의미한다. 다음은 글렌이 자신의 친구에게 했던 이야기다.

> 글렌 : 난 지금쯤은 이미 결혼해 있을 줄 알았어. 그런데 여자들과의 관계가 계속 깨지기만 해.
> 로저 : 정말 울적하겠다.
> 글렌 : 그래. 과연 내 맘에 꼭 드는 여자를 만날 수 있을까?

로저는 글렌이 겪는 여러 가지 감정 - 외로움, 분노, 좌절감, 두려움, 울적함, 또는 이것들이 섞인 감정 - 을 겪고 있다는 것을 알아챘다. 글렌이 얘기할 때 로저는 신체언어를 '읽고' 울적함이 주요 감정이라는 판단을 내렸다. 로저의 반응에 대한 글렌의 대답을 보면, 로저의 짐작이 맞았음을 알 수 있다.

청자는 대화에서 감정적인 면을 많이 놓치고 객관적인 내용에만 집중하는 경향이 있다. 반사 반응을 보이더라도 감정보다는 사실에 초점을 두는 경우가 많다. 또는 "그래서 넌 어떻게 했니?", "언제 그 일이 일어났는데?"처럼 사실관계를 묻는 질문을 던지기도 한다.

언젠가 내가 집필에 몰두하고 있을 때 전화벨이 울렸다. 시카고에 있던 동료였다. 나는 그의 목소리를 듣고 반가웠지만 하고 있던 일을 계속하고 싶은 생각이 강했다. 동료가 먼저 말했다. "방금 들었는데 1월에 열리기로 예정됐던 연수회가 취소됐습니다." "취소됐다고요? 정말?" "네." 그런 다음 우리는 몇 가지 얘기를 더 주고받았다. 전화를 끊고 나서야 나는 내가 얼마나 형편없는 청자였는지를 깨달았다. 나는 그때 그가 하려던 말의 핵심을 놓쳤다. 그 연수회 취소로 인해 그녀가 느꼈던 기분을 몰랐기 때문에, 나는 그녀에게 감정을 털어놓을 분위기를 만들어주지 않은 채 대화를 내용 위주로 끌고 갔던 것이다.

전화를 끊고나서야 나는 1월에 예정되었던 그 연수회에 대한 기억을 더듬어보았다. 그가 맡은 연수회는 카리브해를 항해하는 유람선에서 진행될 예정이었다. 연수회에 참여하면서 날마다 태양 아래서 자유로운 시간을 보낼 수 있었을 것이다. 그런 연수회가 취소되었으니 얼마나 실망했을 것인가.

한편, 다른 친구는 같은해 겨울 할 일이 너무 많아서 정신없어 하던 기억도 떠올랐다. 쉴 시간도, 친구를 만날 시간도, 혼자만의 시간을 가질 여유도 없었는데 갑자기 연수가 취소되어 이렇게 많은 시간이 생겼으니 그동안 밀린 일을 해치울 수 있을 것이고, 자신만의 시간을 즐기면서 친구들을 만날 수도 있을 것이다. 그렇다면 분명히 그 친구는 두 가지 감정을 동시에 느꼈을 것이다. 유람선을 타지 못하게 된 것은 아쉽지만, 생활을 제대로 정리할 수 있는 시간이 생긴 것은 다행스러운 일이니까. 친구의 이야기에 귀 기울이지 않음으로써 친구를 지지하고 더 깊은 우정으로 돈독해질 수 있는 기회를 놓쳤다.

감정을 드러내도록 청자가 화자를 격려해주지 않으면, 화자는 자신이 설명하는 사건들에 대해 느끼는 감정들 – 기쁨, 슬픔, 절망감, 분노, 아쉬움, 이중감정 등 – 을 의식하지 못한다. 윌리엄 제임스_{William James}가 "개성은 감정에 있다."고 했듯이, 상대방의 감정을 모르면 그의 개인적인 특징도 알 수 없다.[50]

어떤 사람이 문제를 토로했을 때, 듣는 쪽에서 화자의 감정을 반영해주면 화자는 자신의 감정을 잘 이해할 수 있게 되고, 문제에 대한 해결책의 실마리를 찾을 수 있다. 우리 주변에는 수많은 정보가 있지만, 이런 정보를 분류하고 정리하여 실질적인 해결 단계를 만들고 실행하는 데 있어 감정이야말로 원동력이 되어준다.

‖ 감정을 '들을' 수 있는 능력 기르기 ‖

대화에서 상대방의 감정을 반사하는 일은 흔치 않지만, 사람들은 대부분 나이를 먹어감에 따라 다른 사람의 감정을 '읽는' 법을 알아간다. 그리고 그런 능력을 더 발전시킬 수 있다는 것은 확실하다. 또한 의식하지 못하지만 우리는 그런 일에 통달해 있다. 당신은 한 사람 또는 여러 사람들 앞에서 이야기하다가 그들이 지루해하는 것을 금세 눈치챈 경험이 있을 것이다. 그들이 지루하다거나 관심이 없다고 말하지도 않았는데 그것을 눈치채다니 희한하지 않은가?

상대방이 아무 말도 하지 않았는데 그가 당신에게 화가 나 있다는 것을 알아챌 때도 있었을 것이다. 어떤 사람이 아무 말도 하지 않지만 당신에게 원하는 것이 있다는 것을 눈치챘을 때, 그리고 나중에 그것이 사실로 밝혀졌을 때를 기억해보라.

또 이런 경우도 있다. 말로 표현하지는 않지만 어떤 사람이 당신을 무척 좋아하는 경우가 있는데, 그때도 당신은 그것을 알아차릴 수 있다. 때로는 상대방이 뭔가를 얘기하지만 사실은 그것과 정반대로 생각하거나 느낀다는 것을 당신이 눈치채는 경우도 있다. 오랫동안 훈련해서 직관을 갖춘 정신과의사와 심리학자들은 다른 사람의 진심이 무엇인지 어렵지 않게 짐작하거나 해석할 수 있다. 하지만 놀랍게도 현대적인 커뮤니케이션에 관한 정식 교육이나 훈련을 받지 않은 사람들도 다른 사람의 감정을 알아낼 수 있다. 어떻게 이런 일이 가능할까? 어떻게 그런 고도의 능력을 발전시킬 수 있었을까?

커뮤니케이션 방법론 전문가인 노먼 케이건 교수는 유전적으로 그러한 민감성을 타고난 사람이 있으며, 그것 외에 그런 능력에 영향을 끼칠 만한 요인을 다음과 같이 설명한다.

> 여러분은 다른 사람들을 관찰하면서 살아왔고, 또 다른 사람의 기분을 파악해야 할 필요성도 많았을 것이다. 어렸을 때는 부모님의 기분을 알아내는 법을 배워야 했다. 뭔가를 해달라고 조르려면 언제가 좋은지 알아야 했기에 부모님의 기분이 어떤지, 그 다음에 그들이 무엇을 할지 추측해봤을 것이다. 자신에게 먹을 것이 올 때는 언제이고, 오지 않을 때는 언제인지도 미리 알아내야 했다. 평생 동안 여러분은 다른 사람의 기분[감정]을 파악하는 법을 훈련해온 것이다.
>
> 만일 여러분이 학교에서 어떤 못된 친구가 화났다는 것을 눈치채지 못해서 그에게 얻어맞았다면, 분명히 다음부터는 그 친구가 화났을 때 어떤 신호가 나타나는지를 유심히 살폈을 것이다. 학교생활을 하거나 데이트를 할 때도 상대방이 보내는 미묘한 메시지에 주목해야 한다. 인간의 머리는 어지러울 정도로 복잡한 신경중추로 이루어져 있다. 타인의 기분이나 감정을 판단하는 일에 관해 여러분이 알고 있는 지식을 책으

로 쓴다면 몇 권은 족히 될 것이다.[51]

우리들 각자에게 어느 정도는 정확하게 감정을 반사해줄 만한 정서적 민감성이 있다 해도 그것으로 만사가 해결되는 것은 아니다. 우리 회사의 의사소통 훈련 프로그램에 참가하는 수많은 사람들을 보고 판단하건대, 대부분의 청자들은 감정보다는 말의 내용에 관심을 쏟고, 또 훈련받은 사람에게는 훤히 보이는 화자의 감정도 읽지 못하는 경우가 태반이다.

그렇게 정서적으로 둔감해지는 이유가 무엇인지 프로이트 Sigmund Freud는 이렇게 설명한다. 모든 사람이 충동에 따라 행동하고 자신의 감정을 그때그때 표현해버리면 사회는 혼란에 빠질 것이며, 이런 혼란을 막기 위해서 모든 사회는, 정도는 다르지만 감정의 표현을 억압해왔다는 것이다. 가정이나 학교, 회사, 그리고 교회 같은 주요 사회화된 기관은 모두 감정 표현을 억누르는 경향이 있다. 그 결과 많은 사람들이 타인의 감정을 관찰하고 그것을 표현하는 일에 상대적으로 어려움을 느끼는 것이다. 하지만 상대방의 감정을 반사해주는 일은 효과적인 듣기 중에서도 핵심요소다.

내가 보기에, 우리는 모두 어느 정도 다른 사람의 감정을 읽는 능력이 있다. 중요하고 어려운 기술이지만 이것을 처음부터 배워야 할 사람은 없다. 다만, 감정을 억압하는 사회에서 살아오는 동안 우리의 민감성은 둔화되었고, 이 때문에 타인의 감정을 반사하는 일에 어색함을 느끼게 된 것이다.

참가자들은 감정을 반사할 때 어떻게 하면 상대방의 감정을 더 잘 알 수 있는지를 궁금해했다. 우리는 네 가지에 집중하라고 가르친다.

1. 감정과 관련된 단어에 주목하라.
2. 상대방이 전달하는 전체적인 내용을 숙지하라.
3. 신체언어를 관찰하라.
4. 자신에게 물어보라. "내가 그 입장이라면 어떤 기분이 들까?"

‖ 감정을 표현하는 단어에 귀 기울이기 ‖

감정을 반사하는 것이 목표라면, 가장 확실한 방법은 대화에서 상대방이 자신의 기분을 직접 표현한 말에 주목하는 것이다. 사람들은 때때로 자신의 기분을 직접 표현한다.

직장에 다니는 젊은 여성이 친한 친구에게 이렇게 고백했다고 하자.

나는 내 일을 얼마나 좋아하는지 몰라. 일 말고 다른 재미있는 일도 많아. 대부분은 생각할 시간도 없이 너무 바쁘지. 하지만 아무 일도 하지 않고 혼자 있을 때는, 내가 무척 외롭다는 사실을 깨닫고 초조한 기분이 들어.

이제 그녀가 한 말을 다시 읽어보고 그녀가 직접 표현한 감정이 무엇인지 찾아보자. 내가 보기에 중요한 단어는 '좋아하다', '재미있다', 그리고 '외롭다'이다. 그렇다면 감정의 반사는 다음과 같은 말로 표현할 수 있다.

"너는 재미있는 일이 많긴 하지만, 외로움도 느낀다는 말이지?"

글로 표현한 감정은 여러 번 읽을 수 있기 때문에 말이 오고 가는 대화에서보다 감정을 더 쉽게 집어낼 수 있다. 하지만 위의 예처럼 감정을 분명하게 표현한 경우에도 그것을 알아채지 못하는 사람이 많다. 사실관계에 너무 몰두하느라 상대방이 말한 감정의 실마리를 놓치는 것이다.

화자가 자신의 감정을 말로 표현했고 이것이 신체언어와 일치했다면, 감정 반사하기는 바꿔 말하기와 똑같다. 화자가 말한 내용에서 감정과 관련된 단어에 초점을 맞춘다는 것만이 다른 점이라 하겠다.

문화적으로 감정의 표현을 억제하는 분위기 때문에, 말에 나타나는 단서가 위의 예처럼 분명하지 않을 수도 있다. 어머니가 아들에게 어젯밤 데이트가 어땠는지 물었을 때, 아들이 "뭐, 좋았어요." 하고 대답했다고 하자. 감정을 나타내는 단어는 '좋았어요'이다. 하지만 그 대화의 맥락을 고려하지 않으면, 정말 어떤 뜻이었는지 알 수 없다. '제 일에 신경 좀 꺼주세요, 짜증나요.' 이런 뜻일 수도 있다. 끔찍한 데이트와 더할 나위 없이 멋진 데이트 사이의 어떤 데이트였고, 그날 저녁은 그럭저럭 보내기에 나쁘지는 않았지만 아주 신나는 시간은 아니었다는 뜻일 수도 있다. 정말로 무슨 뜻으로 한 말인지는 아들의 몸짓을 봐야만 알 수 있다.

‖ 전체 내용을 듣고 감정 추측하기 ‖

우리 문화에서는 감정을 숨기는 경향이 널리 퍼져 있어서, 화자가 감정을 나타내는 단어를 전혀 사용하지 않는 경우도 있다. 하지만 전체적인 내용을 듣고 나면 그가 어떤 기분일지 추측할 만한 단서를 찾을 수 있다. 아래의 글에서 에리카의 기분이 어떤지 살펴보자.

그 고객은 분명히 우리 물건을 살 것처럼 굴었어. 나를 자기 사무실로 세 번이나 불러서는 새로운 제작 방식으로 인해 어떤 이점이 생기는지 자세히 설명한 내용을 몇 시간 동안이나 검토했거든. 그런데 그 사람은 경쟁사 제품을 사버렸지. 정말 황당하다니까.

에리카는 분명히 그 고객에게 분통이 터졌을 것이다. 혹은 자기 자신에게 화가 났을 수도 있다. 한편으로는 좌절감 같은 조금은 다른 감정에 빠져 있을지도 모른다. 이때 에리카의 신체언어를 관찰해보면, 좀 더 정확한 기분을 파악할 수 있을 것이다.

|| 신체언어 관찰하기 ||

상대방의 기분이 어떤지를 알아내는 가장 확실한 방법은 신체언어를 관찰하는 것이다. 감정을 반영하는 일은 효과적인 듣기에서 아주 중요한데, 얼굴 표정, 어조, 제스처, 자세는 감정 상태에 관한 중요한 단서가 되기 때문에, 이 주제는 CHAPTER 6에서 따로 다루도록 하자.

|| 나라면 어떻게 느낄까? ||

청자는 화자가 한 말 중 감정과 관련된 단어(만약 사용했다면)

에 주목하고, 신체언어를 관찰하면서, 그리고 전체적인 내용에 함축되어 있을지도 모를 '숨겨진 감정'을 읽으려 노력하면서 '내가 저 입장이 되어 얘기를 하고 있다면 어떤 기분일까?' 하고 스스로에게 물어봐야 한다. 개인에 따라 느끼는 감정은 천차만별이기 때문에, 상대방의 감정을 정확하게 판단할 수는 없을 것이다. 최선의 방법은 우리 자신의 내면의 반응을 살펴, 그것을 근거로 상대방의 감정을 추정하는 것이다. 보통, 화자들은 맞았을 경우 고개를 끄덕이거나 말로 "응", 또는 "맞아"라고 하고, 틀렸을 경우에는 그것을 바로잡아준다.

| 의미 반사하기 |

감정과 내용을 종합해서 정확한 반응으로 나타냈을 때, 그것을 의미 반사라고 한다. 예를 들면, 중년여성인 마지가 남편 롭에게 이렇게 말했다고 하자.

> 마지 : 우리 국장님은 내 사생활에 관해 꼬치꼬치 캐물어. 자기 일에나 신경 쓸 것이지.
> 롭 : 그 사람이 당신 프라이버시를 침해하니까 짜증이 났군!

감정은 보통 특정 사건에 의해 촉발된다. 왼쪽에 적힌 감정들이 오른쪽에 적힌 사건들과 어떤 관련이 있는지 살펴보자.

감정	사건(사실)
· 기쁘다	· 터치스톤출판사에서 내가 쓴 책을 출판하기로 결정했다.
· 서운하다	· 친한 친구가 이사를 간다고 한다.
· 화난다	· 지난주에 협상한 사항을 상대방이 지키지 않고 있다.
· 짜증난다	· 복사기가 그제부터 세 번째 고장이다.

우리는 지금까지 청자가 화자와 감정의 파장을 맞추는 것이 얼마나 중요한지를 알아봤다. 또한 화자가 말한 객관적인 내용을 이해하는 것도 아주 중요하다는 것을 알았다. 로버트 카크허프가 말했듯이, 막연히 느끼는 것보다 머릿속으로 정리된 것을 실천하기가 더 쉽다.[52] 우리가 화자의 의미에 반응할 때, 즉 그를 혼란에 빠뜨리거나 그에게 동기를 부여한 감정과 그 감정의 원인이 된 내용에 함께 반응할 때, 듣기의 효과는 가장 커진다.

일단 감정과 객관적 사실을 구분하게 되면, 그 두 가지를 하나로 결합해서 의미를 반영하는 것은 비교적 쉽다. 처음 의미 반사하기를 배울 때 다음과 같은 공식을 사용하면 편리하다. **"너는 [어떤 사건이나 사실] 때문에, [어떤 감정을] 느끼는구나."** 이 공식을 구체적인 상황에 적용해보자.

> 매트 : 모든 게 달라졌어! 나는 승진하지 못하면 어쩌나 걱정하고 있었는데 승진이 됐어. 새로 이사 간 집도 너무 맘에 들고 아내하고 아이들도 예전보다 기분이 좋아 보여.
> 애나 : 너는 모든 일이 잘 풀려서 행복하구나.

좋지 않은 상황에서도 쓸 수 있다.

> 에밀리 : 남편 때문에 미치겠어. 전에는 우리가 경제적으로 걱정할 게 없다고 해놓고, 그다음 날에는 집에 필요한 물건 몇 가지 산 걸 가지고 불같이 화를 내는 거야.
> 해리엇 : 남편 말이 이랬다저랬다 해서 화가 났구나.

'너는 ~ 때문에 ~하게 느끼는구나' 공식은, 상대방의 감정과 그 이유를 모두 담아낼 수 있으며 답변을 간단히 하는 데에도 도움이 된다. "네가 한 말을 듣고 생각해보니……" 하는 식으로 쓸데없이 길게 하는 말과는 전혀 다르다.

의미 반사를 위해 이런 공식을 쓰는 것에 강한 반감을 느끼는 사람도 많다. 하지만 이런 공식은, 집을 지을 때 쓰는 비계$_{\text{scaffolding}}$ 같은 것이다. 한동안 유용하게 쓰다가 필요가 없어지면 사용하지 않으면 된다. '~ 때문에 ~ 하게 느끼는구나'라는 표현을 계속 사용하다 보면, 상대방의 말을 간단히 반영하는 것이 자연스럽게 몸에 배게 된다. '느낀다'라는 말 대신 '~이다'를 사용할 수 있고, '때문에' 대신 '~하니까', '~하는 바람에', '~해서'가 들어갈 수도 있다. 이렇게 다양하게 변형하면 그 반응은 다음과 같이 좀 더 유연해질 것이다.

"너는 그 사람 의도가 뭔지 몰라서 혼란스럽구나."
"너는 새 직장에서 일이 잘 진행되니까 신이 났구나."
"너는 최근에 계획이 변경돼서 화가 났구나."
"너는 그 사람한테서 아무 연락이 없어서 울적하구나."

이야기가 빠르게 오고 가는 상황에서, 계속 의미 반사를 하는 것은 불가능하고 바람직하지도 않다. 감정 반사, 내용 반사, 최소한의 격려, 능동적 침묵, 그리고 다른 여러 반응들을 의미 반사와 함께 조화롭게 활용해야 한다. 감정 반사에 중점을 두는 것이 큰 도움이 되는 대화도 있고, 내용 반사에 중점을 두는 것이 유익한 대화도 있다. 하지만 대부분의 경우 청자가 의미 반사를 해주는 것이 좋다.

　상대방이 아무 말도 하지 않았는데 의미 반영을 해주는 것이 좋은 경우도 있다. 총무부의 애니는 회사에서 새 직무를 배정받았다. 그녀는 하루 종일 열심히 일했지만, 퇴근 무렵이 되었을 때도 일은 산더미 같이 쌓여 있었다. 같은 사무실에서 일하는 사무국장 메디슨은 이렇게 말해주었다. "온종일 정신 없이 일했는데도 할 일이 많이 남아 있어서 힘이 빠지겠군요."

　의미 반사는 명쾌한 문장 하나로 잘 다듬는 것이 중요하다. 짧으면 짧을수록 더 좋다. 잡다하고 긴 반응은 대화를 더디게 할 뿐이다.

| 요약하여 반사하기 |

요약하여 반사하기는 대화가 오랜 시간 진행되는 동안 화자가 표현한 주요 주제와 감정을 간략히 요약하는 것이다. 이는 말해왔던 내용의 흐름을 하나로 엮어 의미 있고 일관된 전체로 만들어준다.

　스위스의 정신분석학자인 칼 융$_{\text{Carl Jung}}$은 1907년에 프로이트를 처음 대면했을 때의 경험을 동료에게 얘기한 적이 있다. 프로이트를 만나 하고 싶은 얘기가 너무 많았던 융은 흥분한 상태로 쉬지 않고 얘기했다. 세 시간이나 듣고 있던 프로이트는 결국 융의 말을 잠시 중단시키고는 놀랍게도 그동안 융이 한 이야기를 단 몇 마디의 문장으로 다른 사람들에게 간결하게 정리해주는 것이었다. 그래서 그들은 나머지 시간 동안 좀 더 중요한 문제를 가지고 토론할 수 있었다.[53] 요약하기는 화자가 자신을 더 명료하게 이해할 수 있게 해준다. 제라드 이건은 이런 예를 든다.

> 상담자 : 지금까지 우리가 한 얘기를 검토해볼까요. 당신은 기분이 처져 있고 우울해요. 이번에는 일상적인 슬럼프가 아니라 오랫동안 이런 상태가 지속됐지요. 당신은 건강에 대해서도 걱정하고 있어요. 하지만 이것은 우울한 기분과 연관시킬 것이 아니라 진찰을 해봐야 할 문제인 것 같군요. 개인적으로 풀리지 않는 문제가 몇 가지 있네요. 하나는 최근 직장을 옮겨서 예전 동료들을 더 이상 만나지 못한다는 것이죠. 너무 멀어서 말이에요. 또 다른 하나는, 당신이 고통스러워 하고 어찌해야 될지 모르는, 젊어지기 위한 투자에 관한 문제예요. 당신은 얼굴이 나이 들어 보이는 것이 싫다고 했죠. 셋째 문제는, 당신이

일에 시간을 너무 많이 뺏긴다는 겁니다. 그래서 오랫동안 진행된 프로젝트가 끝나고 나면, 당신은 갑자기 인생이 공허하게 느껴지는 거지요.

내담자 : 듣고 보니 괴롭긴 하지만 그렇게 정리가 되네요. 제 자신의 가치를 찾고 싶어요. 그래서 새로운 생활방식이 필요하다는 생각이 드네요. 사람들과 좀 더 어울릴 수 있는 그런 생활 말이에요.[54]

요약하는 것은 여러 가지 필요성이 충돌하는 상황, 또는 문제를 해결해야 될 상황에서 유용하다. 재스민은 대학원에 진학해야 할지, 그전에 직장생활을 하면서 세상 경험을 쌓아야 할지에 대해 아버지와 이야기하고 있다. 45분 동안 이야기한 후에 그의 아버지는 이렇게 말한다.

그러니까 너는 네 인생에서 대학원은 꼭 필요하지만, 대학교를 졸업하자마자 그보다 더 틀에 박힌 교육기관으로 들어가야 하는지에 대해서는 확신이 서지 않는다는 말이지? 지금까지 학비로 수천 달러나 쓴 상태에서 또다시 아빠한테 학비를 부탁해야 하는 상황이 걱정되는 거야. 그리고 조셉하고 결혼하고 싶지만 과연 그 애가 2년 동안 너를 기다려줄 것인지, 아니면 너를 그저 지루하게 공부밖에 모르는 학생으로 생각할지 불안하고. 게다가 바로 대학원에 가려면 장학금을 신청해야 하는데, 그러려면 빨리 결정을 해야 하니까 마음이 초조한 거야. 그렇지?

요약하기는 화자가 당면한 문제에 대해 할 말을 다해서 더 이상 할 얘기가 없을 때에도 유용하다. 화자가 말한 내용을 간략히 정리하면 대화의 해당 부분을 자연스럽게 끝맺거나 다음 단계로 나아갈 방향을 제시하는 데 도움이 될 수 있다.(예 : 위로하기, 조언 제공, 더 깊이 살펴보기 등.)

요약의 목적 중 하나는, 내용과 감정 안에서 헤매지 않고 앞으로 나아가고 있다는 느낌을 화자가 느끼게 해주는 것이다. 이렇게 전진하는 느낌이 들면 해결책을 좀 더 빨리 생각해낼 수 있다. 요약은 그때까지 말한 내용을 청자가 정확하게 이해했는지를 점검하는 계기도 된다. 특히 대화 중에 화자가 중요한 생각이나 성찰을 했을 가능성이 있으므로, 먼저 대화를 통해 어떤 통찰을 얻었는지 물어보고, 얻었다면 그것에 대해 이야기하고 싶은지 확인하는 것이 중요하다.

요약 기술을 배우기 시작하는 사람들에게는 아래와 같은 말로 시작하는 것이 도움이 될 것이다.

"네가 계속해서 언급하는 하나의 주제는, ……"

"지금까지 우리가 한 얘기를 요약하자면, ……"

"네가 한 얘기를 생각해보니 이런 점이 눈에 띄네. 얘기할 테니 들어봐. 너는, ……"

"지금까지 네가 한 말을 들어보니, 네가 가장 걱정하고 있는 건, ……"

(그러고 나서 예를 들어 말한다.)

요약하여 반사하기의 효과는, 상대방이 그것을 어떻게 받아들이고 활용하느냐에 달려 있다. **요약이 훌륭하면 화자가 나무를 보기보다는 숲 전체를 볼 수 있도록 돕는다.** 새로운 내용이 없더라도, 모든 내용을 처음으로 한데 모았기 때문에 화자는 새롭게 느낄 수 있다. 또한 효과적인 요약은 대화에서 느슨하게 흩어져 있던 조각들을 모아 하나의 결론으로 이끈다.

| 요약하자면… |

훌륭한 청자는 화자가 한 말을 듣고 반사 반응을 한다. 그는 화자가 말한 내용이나 감정을 자신의 언어로 표현함으로써 자신이 이해한 내용을 화자에게 전달한다. 반사 기술에는 기본적으로 네 가지가 있다.

  우선 바꿔 말하기가 있는데, 이것은 화자가 한 말의 내용에 중점을 둔다. 둘째, 감정 반사는 감정과 관련된 단어에 주목하며, 화자의 신체언어를 읽고 스스로 '나라면 어떤 기분일까?' 자문하면서 상대방의 감정을 유추하여 그것을 다시 들려주는 것이다. 셋째, 감정과 내용을 함께 모아 반사하는 의미 반사가 있다. 마지막으로, 요약 반사는 화자의 긴 이야기에서 가장 중요한 요소를 뽑아서 간결한 말로 정리하는 것이다.

CHAPTER 5

반사 반응은
왜 효과적인가

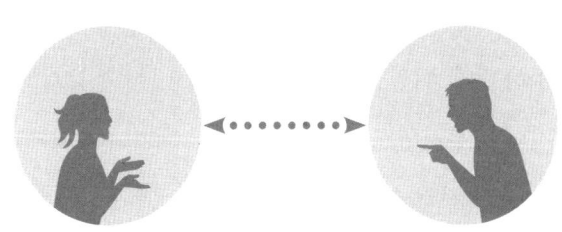

반사적 듣기 기술을 배우는 사람들은 종종 대응 방식에 왜 그토록 중요성을 부여하는지 묻는다. 이 개념을 처음 접하면, 그들은 이러한 듣기 방식이 너무 딱딱하고 기계적이며, '자연스럽지' 않다고 생각한다.

이번 장에서는 이러한 의구심을 살펴보고 반사적 듣기로 개선할 수 있는 커뮤니케이션의 6가지 문제를 살펴볼 것이다. 마지막으로 이러한 듣기 방식에 대한 의심을 극복할 수 있는 가장 효과적인 방법을 제시할 것이다.

| 듣기의 유형과 구조 |

우리 세미나에 참석하는 사람들은 자주 이렇게 토로한다. "반사적으로 들으려면 저는 듣는 것을 멈추고 어떻게 반응해야 할지 생각해야 하는데, 이럴 때는 너무 어색해요. 이런 듣기 기술은 너무 가식적이고 부자연스러운 것 같아요." 제기되는 문제 셋 중 하나 이상은 이런 걱정과 관련이 있다. 이에 대해 나는 세 가지로 설명한다.

첫째, 새로운 기술을 배우기 시작하는 단계에서는 누구나 그것을 의식하며 어색해한다. 새로운 방법을 시도할 때는 기존의 실력이 일시적으로 감소하는 경우도 있다. 내가 농구를 배울 때, 우리 코치는 어떤 특정한 슈팅을 할 때 내 자세를 고쳐야 한다고 충고했다. 그후 며칠 동안 내가 골을 넣는 확률은 눈에 띄게 떨어졌다. 하지만 얼마 지나지 않아서 나는 이전보다 더 잘할 수 있게 되었다. 이와 마찬가지로 처음에 이 듣기 기술을 시도하는 사람들은 대화를 방해하지 않으려 신경을 곤두세우고 반사 반응을 하는 데 몰두하느라 정작 상대방이 하는 말은 놓치게 된다고 하소연했다. 많은 사람들이 이런 일을 겪는다. 하지만 다행히도 잠깐 동안만 그렇다.

누군가 말하길 대화 기술을 발전시키는 데는 네 단계가 있다고 한다. 처음에는 지금까지 자신이 해왔던 의사소통 방해요소의 영향을 알고 죄책감을 느낀다. 그 다음에 대화 기술들을 배우지만 이 '새로운' 방식이 어색하고 억지스럽다고 느낀다. 다행히, 대부분의 사람들이 이 두 단계를 아주 짧은 시간에 통과한다. 사람들은 새로운 방식들을 몇 주 동안 사용하면서 그것들에 아주 능숙해진다. 그들은 반사 반응에 아주 숙달된다. 하지만 그들은 여전히 자신들이 하고 있는 그 일에 신경 쓰고 있다. 마침내 몇 년 동안 일상생활에서 그 기술을 사용한 후에는, 그런 식으로 대화하는 것이 몸에 배서 능숙하게 사용하면서도 의식하지 못하게 된다. 이런 기술은 체화되어 자동적으로 작동하게 된다.

둘째 문제는, 이런 종류의 듣기와 관련된 구조의 복잡함이다. 듣기 기술을 처음 배우는 사람들은 흔히 반사 반응이 너무 규칙에 얽매어 있고 인위적이어서 대화의 자유로운 흐름을 방해한다고 생각한다. 하지만 사실 자유롭게 진행되는 대화도 매우 구조화되어 있고, 그것 또한 규칙을 따르는 교류 과정이다. 이에 대해 리처드 밴들러 Richard Bandler 와 존 그라인더 John Grinder 는 다음과 같이 설명한다.

> 의사소통을 할 때 – 이야기하거나 토론하거나 글로 쓸 때 – 우리는 단어를 선택하고 그것을 질서에 따라 구조화하고 있

다는 것을 거의 의식하지 못한다. 물고기가 물속에서 수영하는 것처럼 우리는 언어로 가득 찬 세상에서 살아가고 있다. 우리는 의사소통하는 방식을 거의 또는 전혀 의식하지 않고 있지만, 우리의 언어활동은 고도로 구조화되어 있다.

예를 들어, 지금 당신이 읽고 있는 이 문장을 순서를 무시하고 뒤섞으면, 그 결과는 무의미이다. 다음과 같이 뒤섞어보자. "무의미이다 결과는 그 뒤섞으면 무시하고 순서를 문장을 이 있는 읽고 당신이 지금 들어 예를."

밴들러와 그라인더의 설명을 계속 들어보자.

> 우리의 행동은 …… 의사소통을 하는 동안 어떤 규칙을 따른다. 보통 우리는 의사소통 과정에 숨어 있는 구조를 의식하지 못하지만, 그 구조는 - 언어의 구조 - 규칙적인 패턴을 통해 이해된다.[55]

구조화되지 않은 의사소통은 존재하지 않는다. 의사소통을 명료하게 만들어주는 법칙 중 어떤 것들은 우리 사회에 상당히 널리 퍼져 있는 반면, 다른 중요한 의사소통 구조는 - 반사적 듣기 기술 같은 - 거의 알려지지 않았다. 그래서 우리가 이런 기술들을 처음 배울 때 어색하고 인위적으로 느껴지는 것이다. 하지만 그것이 인위적이라고 한다면 문법이나 단어 철자 같은 것도 마찬가지 아닌가.

언어의 패턴과 듣기 기술의 구조를 따르더라도 대화 속에서 그 사람의 스타일과 개성이 말살되는 것은 아니다. 스타일은 비언어적 요소, 독특한 단어 선택, 말하는 속도, 그리고 그 외에 여러 가지 요소를 통해서 그 사람만의 독특한 성격을 나타낸다. 다른 사람들이 사용하는 것과 똑같은 기술을 사용한다고 해서 우리 모두가 똑같은 방식으로 의사소통을 하는 것은 아니다. 사람마다 스타일은 제각각이기 때문에 각자가 타인과 교류하는 방식은 모두 다른 것이다.

이런 종류의 차이는 여러 분야에서 찾아볼 수 있다. 기타를 배울 때, 운지법은 정해져 있다. 하지만 기타를 연주하는 사람이 똑같은 운지법으로 똑같은 노래를 연주하더라도 소리는 연주자에 따라 상당히 달라진다. 그들의 스타일이 각자 다르기 때문이다.

셋째 문제는, 자연스럽게 나오는 반응 중에서도 어떤 것은 아주 바람직하지만, 어떤 것은 굉장히 위험하다는 것이다. 사람들은 자신의 자연스러운 반응을 검토하고 그러한 반응이 어떠한 영향을 미치는지 파악해야 한다. CHAPTER 2에서 언급했듯이, 매우 즉흥적으로 사용되는 소통의 장애물은 사람 사이에 거리감을 느끼게 할 수 있으며, 반복적으로 사용될 경우 양측 모두에게 악영향을 끼치는 경향이 있다.

반사적 경청을 꾸준히 연습해서 실력이 늘게 되면, 모든 대화에는 지켜야 할 규칙이 있다는 것을 이해하게 된다. 또 생각 없이 던진 말 한마디가 관계에 치명적일 수 있다는 사실도 깨닫게 되고, 그러다 보면 상황에 맞는 반사적 경청을 실천하려고 자발적으로 노력하게 된다.

| 의사소통의 6가지 특징 |

인간의 의사소통에는 여섯 가지 문제가 있다. 이것 때문에 반사적 듣기가 특히 중요한 것이다. 이 문제들 중 네 가지는 흔히 화자에게 나타나고, 두 가지는 청자에게서 나타난다.

화자에 관련된 첫 번째 문제는, 단어가 사람들마다 다른 의미로 사용된다는 것이고, 두 번째 문제는 그들이 하고자 하는 말을 '암호화'하기 때문에 진짜 뜻을 쉽게 알 수 없다는 것이다. 세 번째 문제는 '변죽만 울리는 것'이다. 그들은 제일 중요한 이야기는 제쳐놓고 다른 이야기만 한다. 마지막으로 화자는 자신의 감정을 직시하여 그것을 효과적으로 표현하지 못한다.

청자에게도 문제가 있다. 그들은 화자가 하는 말에 집중하지 않는다. 그리고 화자가 한 말을 자기 식으로 걸러서 듣기 때문에 진짜 뜻을 상당히 왜곡해서 이해한다. 이런 문제들을 하나하나 자세히 살펴보자.

‖ 언어, 의사소통의 부정확한 매개자 ‖

누구나 자신의 생각을 정확히 표현해줄 단어나 문장을 못 찾을 때가 있다. 우리가 모든 생각을 정확히 언어로 표현하는 것은 불가능하다. 알프레드 노스 화이트헤드Alfred North Whitehead라는 철학자는 "언어를 통해 정보를 정확히 전달할 확률은 우리가 생각하는 것보다 훨씬 낮다."고 주장한다.[56]

덴마크의 과학자 피에트 하인Piet Hein은 그런 어려움을 다음과 같이 표현했다. "생각은 출입문과 창문이 활짝 열린 집 안팎으로 공기가 드나들듯이 단어 속으로 들어갔다 나갔다 한다."[57]

그리고 T. S. 엘리엇은 시를 통해 우리에게 이렇게 얘기한다.

> 말은 마음의 짐 아래서
> 뒤틀리고 갈라지고 때로는 부서진다.
> 긴장 때문에 빗나가고 미끄러지고 사라지기도 한다.
> 처음의 감명은 변색되고 어색하게 느껴지며

원래의 모습을 잃어간다.[58]

이때 반사적 듣기 기술을 쓰면 대화의 성공 가능성이 높아진다. 청자가 화자의 말을 제대로 이해했는지 검증할 수 있기 때문이다. **반사적 듣기 기술을 사용하는 청자는 대화 도중 간간이 상대방이 한 말을 자신이 이해한 대로 자신의 언어로 다시 들려주고, 그것을 들은 화자는 오해가 있을 경우 즉시 바로잡아준다.**

‖ 추측은 화자의 '암호'를 해독하는 것이다 ‖

세계 정상들이 국가적으로 중요하고 민감한 정보를 전달하고자 할 때, 다른 국가의 정보원이 해독하지 못하도록 암호화된 메시지를 보낸다. 우리도 일상적인 대화에서 비슷한 행동을 한다. 때때로 우리는 자신을 정확히 표현하고 싶은 욕구를 둘러싸고 강렬한 이중 감정을 느낀다. 마음 한 구석에서는 속에 있는 말을 모두 털어놓고 싶은 강한 열망이 있지만, 또 다른 한편에서는 그냥 묻어두고 싶은 마음이 도사리고 있는 것이다.

그럴 때 우리는 보통 자신의 생각을 애매하게 털어놓게 되는데, 다른 사람이 우리 감정을 쉽게 추측할 수 없는 이유가 그 때문이다. 국가의 안위를 위해 군대에서 작전명령을 암호화하듯이, 우리는 자신의 안전을 위해 하고 싶은 말을 암호화하는 것이다.

어렸을 때부터 생각이나 감정을 간접적으로 표현하는 훈련을 받아왔기 때문에, 하고 싶은 말을 자기도 모르게 암호화하는 경우도 많다.

우리는 모두 지금까지 자신의 생각을 암호화하고 다른 사람의 의도를 해독하면서 살아온 셈이다. 예를 들어, 우리 아이들은 어렸을 적에 잠자리에 들면서 여러 가지 질문을 쏟아내곤 했다. 보통 그런 질문들은 다음과 같은 의미를 담고 있었다. "저랑 좀 더 있어주세요." 남편이 아침마다 침대에 있는 아내에게 커피를 갖다 준다고 하자. 그러면 아내는 그 행동을 이렇게 해독한다. "남편은 나를 사랑하고 그것을 말로 하는 대신 이런 작은 행동으로 보여주는 거야." 어떤 부장이 부하직원을 불러 그의 보고서를 사장에게 보여줬다고 말했다면, 그 부하직원은 그것을 이렇게 해독할 것이다. "부장님은 내 능력에 흡족해하고 계시는군."

하지만, 암호화된 메시지를 해독하는 일이 항상 이렇게 수월한 것은 아니다. 그 이유는 첫째, 우리는 상대방이 보낸 메시지를 해독해야 된다는 것을 깜빡 잊어버리기 때문이다.

몇 년 전에, 나는 잘 모르는 어떤 사람한테서 편지를 한 통 받았는데, 그것은 자신들의 부부관계에 심각한 문제가 있다는 내용이었다. 나는 그것을 재미있게 읽고 나서 친한 친구에게 보여주었다. 그는 편지를 읽더니 "이 친구는 결혼생활이 위기에 처해 있어서 자네에게 도움을 청하려고 이 편지를 보낸 걸세." 하고 말했다. 나는 그들의 진심이 겹겹이 숨어 있는 편지를 다시 읽어보고, 그들의 고뇌와 도움을 호소하는 신호를 발견했다. 그래서 당장 그들을 찾아갔고, 내 친구 말이 옳았다는 것을 알 수 있었다. 결혼 생활이 파탄 위기에 처한 그들은 나와 상담하기를 간절히 바라고 있었던 것이다.

의사소통이 실패하는 가장 근본적인 원인 중 하나는, 해독하는 일이 항상 추측일 수밖에 없다는 사실이다. 우리는 상대방이 하는 말을 들을 수 있고 행동도 관찰할 수 있지만, 그의 말과 행동이 의미하는 바는 추측할 수밖에 없다.

[그림5.1]의 그림을 보면, 사람의 행동은 바깥층에 있어서 쉽게 관찰할 수 있음을 알 수 있다. 하지만 사람의 생각은 직접 관찰할 수 없다. 우리가 이용할 수 있는 단서는 그의 행동(말과 몸짓)이다. 그림에서 감정은 인간 존재의 가장 깊은 곳에 자리 잡고 있다. 매우 주도면밀하게 감춰져 있다는 뜻이다. 생각과 마찬가지로, 상대방의 감정은 그의 행동에 의해 간접적으로 전달될 뿐이다.

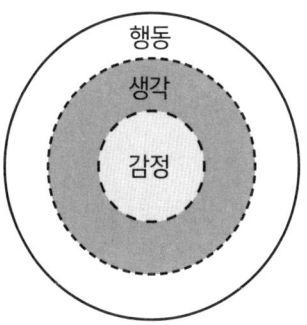

[그림5.1] 우리는 상대방의 행동만 볼 수 있다. 생각과 감정은 추측할 수밖에 없다.

타인에게 어떤 얘기를 할 때는 아주 부정확한 과정이 일어난다. 그 과정을 나타낸 것이 [그림5.2]이다.

의도한 내용	전달한 내용	해석된 내용
화자의 생각과 감정 (오직 화자 본인만 알고 있다.)	화자의 언행 (그의 생각과 감정을 부정확하고 거짓으로 표현한 것이며, 심지어는 그렇게 시도했다는 사실마저 감추려 한다.)	화자의 언행에 숨겨진 의미를 청자가 해석한 것 (오직 청자 본인만 알고 있다.)

[그림 5.2] 의사소통 과정의 부정확함

이런 부정확한 표현과 오해가 실제 생활에서 어떤 결과로 나타나는지 살펴보자.

판매팀장이 그의 팀원에게 굳은 표정으로 이렇게 말했다. "자네 맡은 일에 분발 좀 해야겠어. 우리 팀에서 자네만 목표달성을 못하고 있어!" 흔히 일어나는 일이지만, 말한 사람의 의도를 들은 사람이 항상 정확하게 알아듣는 것은 아니다.

이 경우의 암호화(그의 생각이나 감정을 말이나 행동으로 나타내는 것)와 암호 해독은 [그림5.3]과 같이 진행되었다.

의도한 내용	전달한 내용	해석된 내용
"자네는 목표량에서 20퍼센트 미달이네."	"자네가 맡은 일에 분발 좀 해야겠어. 우리 팀에서 자네만 목표달성을 못하고 있어!"	"팀장님은 내가 이 일에 부적격자라고 생각하고 있군."

[그림5.3] 전형적인 암호화 - 해독 과정

화자가 한 말의 의미를 청자가 잘못 파악한 경우, 양 당사자 사이에는 오해가 생긴다. 화자의 생각과 감정은 오직 본인만 알고, 청자는 그것을 추측만 할 수 있다. 또한 청자가 화자의 말을 어떻게 이해했는지는 오직 청자 본인만 알고 있으므로, 그들은 둘 사이에 오해가 생겼음을 알아차리지 못한다.

이런 오해는 피해야 한다. 위의 예에서 팀장은 자신의 생각을 좀 더 직접적이고 정확하게 표현할 수도 있었다. 그것과 관련된 기술은 이 책의 자기주장 기술 부분(②권의 PART1)에서 다룰 것이다. 그 팀원도 반사 기술을 사용하여 의사소통상의 문제를 명확히 드러낼 수 있었다. 그랬다면 대화는 다음과 같이 진행되었을 것이다.

> 팀장 : 자네 맡은 일에 분발 좀 해야겠어. 우리 팀에서 자네만 목표달성을 못하고 있어!
>
> 팀원 : 제가 적임자가 아니라는 말씀이시군요.
>
> 팀장 : 그런 뜻이 아니야. 나는 자네가 적임자라고 생각해. 하지만 지금까지 통계를 보면 자네는 자네에게 할당된 판매량에서 20퍼센트가 미달이네. 그게 걱정스러워서 한 말이네.
>
> 팀원 : 그러니까, 팀장님은 다른 면에서는 만족하셨는데, 제가 할당량보다 20퍼센트가 부족해서 좀 언짢으셨군요.
>
> 팀장 : 맞아. 바로 그거야. 올해 나의 1차 목표는 우리 팀원들 모두 각자의 할당량을 달성하는 것이거든. 내가 도울 일은 없나?
>
> 팀원 : 실은, 제 목표 고객 중 한 명에게 문제가 생겼습니다. 다음에 제가 그 사람을 만날 때 같이 가주시겠습니까? 그 고객만 확보하면 목표량을 초과할 수 있을 것

같습니다.

"너무 비현실적이에요!" 위의 대화를 읽고 난 사람들은 대부분 이렇게 말한다. "실제 업무에서 누가 저런 식으로 대화를 하겠어요." 그 말은 사실이다. 대부분의 사람들은 이런 식으로 얘기하지 않는다. 그래서 우리의 일반적인 대화에서 그렇게 많은 오해가 일어나는 것이다. 하지만 누군가가 스트레스를 받고 있을 때, 상대방이 위의 방식으로 대응하여 오해를 최소화하는 회사도 있다.

‖ 제기된 문제는 진짜 문제가 아닐 수도 있다 ‖

대화를 할 때 자신의 가장 심각한 문제를 바로 털어놓는 사람은 거의 없다. 언젠가 내게 상담을 받았던 어떤 부인은 이렇게 말했었다. "저는 상담에 들어가기 전부터 그 일을 곧바로 털어놓게 될까 봐 걱정스러운 한편, 얘기를 안 하고 나올까 봐 걱정스럽기도 했어요." 이런 양가적 감정은 자신의 가장 중요한 문제를 얘기해야 하는 시점에서 자주 발생하는 일이다. 가장 중요한 일이 곧, 가장 상처받기 쉬운 일이기도 하다.

우리 모두가 다른 사람들에게 자신에 관한 많은 것을 잘 드러내지 않는다. 그리고 어느 정도는 '신분을 숨기고 여행하듯이' 살아간다. 하지만 가장 숨기고 싶은 일이 다른 사람과 가장 의논하고 싶은 일인 경우도 종종 있다. 이때 흔히 말하듯 변죽을 울리는 행동이 나오는 것이다. 우리는 민감한 주제를 얘기할 때, 종종 전혀 다른 이야기를 하는 척하며 돌려서 말하곤 한다.

심리학자들이 쓰는 용어 중에 가짜 문제와 진짜 문제가 있다. 학부모가 교사나 상담원을 찾아와서 아이가 학교에서 부당한 대우를 받고 있다는 하소연을 했다고 하자. 상대방이 잘 들어주면 대화 내용은 좀 더 큰 걱정거리로 이어질 수도 있다. 그런데 아이가 학교에서 받는 대우가 어쩌면 제일 큰 걱정거리였을 수도 있지만, 다른 문제 - 예를 들면, 삐걱대는 결혼생활이나 집에서 아이를 어떻게 다뤄야 할지 몰라서 생기는 불안함 같은 것 - 가 그 학부모에게 가장 중요한, 그래서 가장 의논해보고 싶은 문제일 수도 있다.

물속에 뛰어들기 전에 발을 먼저 담가서 물의 온도를 확인하는 수영선수처럼, 많은 사람들이 '물에 손을 담가본다'라는 행위는, 자신의 민감한 문제를 상대방에게 믿고 털어놔도 되는지 알아보기 위해서이다. 연구에 의하면, 청자가 형식적인 반응을 보인 경우보다 이해심과 동정심을 보여준 경우에 중요한 문제에 대한 대화가 더 잘 이루어졌다. 하지만 안타깝게도 대부분의 사람들은 가장 본질적인 문제들은 꺼내지도 못한 채, 사소한 문제들 - 가짜 문제 - 에 집중하고 그것을 해결하는 데 에너지를 소모하는 경향이 있다. 더 깊은 걱정거리는 제쳐두고 부수적인 문제에 대한 해결책만 찾아다니는 이런 행태는, 기업이나 정부기관, 학교, 가정, 교회, 상담센터, 그 밖의 다른 기관에서 나타나는 가장 심각한 문제 중 하나다.

‖ 화자는 자신의 감정을 모를 수도 있고, 그것에 휘둘릴 수도 있다 ‖

사람들에게는 감정과 관련하여 두 가지 유형의 문제가 있다. 하나는 자신의 감정이 어떤지를 모르는 경우이고, 다른 하나는 감정이 너무 강렬하게 분출되어 이성이 마비되는 경우이다. 이성이 마비되면 그 사람은 자제력을 잃기 때문에 자신의 목적을 향해 나아갈 수가 없다. 첫 번째는 감정의 맹인이 된 경우이고, 두 번째는 감정의 노예가 된 경우이다. 반사적 듣기는 이 두 가지 경우에 모두 효과가 있다.

우리 문화권은 감정을 자제시키는 경향이 있어 대부분의 사람들이 어린아이였을 때부터 감정을 왜곡하고 억누르라는 가르침을 받는다. "누나한테 착하게 굴어라", "울면 안 돼", "화내지 말라고 몇 번이나 얘기했니", "다른 친구들한테 네 장난감 갖고 놀라고 해", "네 기분이 어떻든, 엄마가 시키는 대로 해", "어떤 게 너한테 좋은 일인지 너는 몰라", "겁쟁이처럼 굴지 마라", "그렇게 바보 같이 웃지 마" 등등.

우리 사회는 남자들에게 어떤 감정은 드러내도 좋다고 허용하고, 어떤 감정은 허용하지 않는다. 일반적으로 화내거나 공격적으로 행동하는 것은 허용하지만, 두려워하거나 남에게 순종하는 것은 허용하지 않는다. 반대로 여자들은 두려워하거나 우는 것이 허용되지만, 화를 내도 안 되고 화가 나는 것도 억눌러야 한다. 그런 감정이 곧 폭발할 것 같더라도 말이다. 어떤 문화에서는 마치 종교집단처럼 자신보다는 다른 사람의 이익을 앞세워야 한다고 가르친다. 그런 사회의 구성원들은 감정이 억눌린 만큼 위축되고 무감각한 삶을 살아간다.

감정은 문제를 해결하는 데 필요한 실마리를 주고, 다른 사람과의 관계에서도 중요한 역할을 한다. 또한 가치관을 형성하는 데 기여하며, 의욕의 토대가 되고 삶의 방향과 목적을 설정하는 데 도움을 준다. 감정의 거울은 있는 그대로의 감정을 왜곡 없이 비추는 역할을 한다.

"너 몹시 화가 난 것 같다."
"너 그 사람 아주아주 미워하는구나."
"너는 이런 방식이 모두 싫은 거구나."

사람들은 자신의 감정을 모를 때도 있지만, 때로는 그 감정 때문에 눈이 멀기도 한다. 이런 경우에, 감정은 사람들의 이성을 앗아간다. 흔히 말하듯 '감정의 손아귀에 사로잡힌다'는 것은 그 순간에 감정이 우리 내부에 침입하여 우리를 조종한다는 뜻이다. 이성이나 의지가 아무런 힘을 쓰지 못할 정도로 감정의 지배를 받게 되면, 당사자는 자신에게나 다른 사람들에게 해가 되는 행동을 하게 된다. 그런 상황에서 상대방이 반사 반응을 보이면, 그 사람은 자신의 감정을 잘 조절하고 이성적인 능력을 되찾을 수 있다.

많은 사람들은 감정이 격해진 사람에게 그것에 대해 얘기해 보라고 하면, 감정이 더 격앙될 것이라고 믿는다. 또한 감정에 휘둘리고 있는 사람은 그것을 말로 표현하는 동안 감정대로 행동할 가능성이 더 높아진다고 생각한다. 예를 들면, 어떤 사람에 대해 분개하는 사람이 자신의 감정에 대해 얘기하면, 자신을 화나게 한 사람에게 폭력을 휘두르게 된다는 것이다. 하지만 사실은 그 반대다. 자신의 강렬한 감정을 이해심 많은 사람에게 이야기할 기회가 주어지면, 그 감정에 따라 무분별하게 행동할 가능성은 눈 녹듯이 사라진다. 자신이 얼마나 화가 났는지 이야기하는 과정에서 과도한 감정이 분출되기 때문에, 그것을 난폭한 행동으로 표현할 필요가 없는 것이다.

‖ 청자들은 딴생각에 쉽게 빠진다 ‖

말하는 쪽에서 자신의 진심을 털어놓는 것이 어려운 것처럼, 대화의 다른 편인 듣는 쪽에서도 자주 부딪히는 문제가 있다. 화자들의 얘기를 듣는 동안 집중력을 잃고 몽상에 빠지는 것이다. 또한 누구에게나 한두 가지 감정 필터가 있어서 자신이 들은 의미를 왜곡하는 경향이 있다. 그러면 반사 반응은 이런 문제들에 어떤 식으로 대응하는지 살펴보자.

잘못된 듣기(훌륭한 듣기도 마찬가지로)의 원인 중 하나는, 말하는 속도보다 생각하는 속도가 더 빠르다는 사실이다. 대부분의 미국인들은 말하는 평균 속도가 분당 125단어다. 이것은 그보다 4배나 빠른 속도로 정보를 처리하는 귀나 뇌에는 느린 속도이다. 듣는 사람에게는 생각할 시간이 많아지는 셈이다.

그런데 청자들은 대부분이 여유 시간을 잘못 사용하고 있다. 열심히 얘기하는 친구의 얘기를 들으면서도 청자는 그 이야기의 느린 속도에 점점 지루함을 느끼게 된다. 얼마 안 있어 그는 정신적인 여가를 즐기면서도 줄거리는 대충 따라갈 수 있다는 것을 알게 된다. 그래서 친구가 이야기를 이어가는 동안, '청자'는 다음날 일할 계획을 세우거나 지난주에 이겼던 테니스 경기를 다시 음미해보기도 한다. 그 사이사이에 친구의 이야기로 되돌아가 내용을 확인하고 이야기의 흐름을 점검하면서 적절한 대답을 해주지만, 대부분의 시간 동안 자기 생각에 빠져 있다. 그러다가 자기 몽상에 너무 빠져버려 상대방이 한 이야기에서 핵심을 놓치게 된다.

'토끼와 거북이'의 우화를 기억하는가? 불성실한 청자들은 느린 거북이와 경주를 했던 토끼처럼 자주 궁지에 빠진다. 토끼가 길가에서 잠깐 눈을 붙이고 있는 사이에 거북이는 마침내 토끼를 지나 결승점에 다다랐다. 뒤늦게 깨어난 토끼가 따라잡기에는 이미 늦은 것이다. 잔꾀를 부리는 청자는 잠깐만 트랙을 벗어난다고 생각하지만, 결국은 거북이의 속도로 얘기하는 상대방의 생각을 따라잡지 못하고 놓쳐버린다.

물론 딴생각에 빠졌다가도 다시 대화에 집중해서 내용을 충분히 이해하는 경우도 많다. 하지만 그것도 바람직한 태도는 아니다. 그런 사람은 상대방과 성심성의껏 동행하는 것이 아니기 때문에 진정한 대화에 참여한다고 할 수 없다.

‖ 필터는 청자가 들은 내용을 왜곡한다 ‖

우리 뇌에는 일종의 '주의력 필터'가 있다고 존 드레이크포드 교수는 설명한다. 하루에도 수많은 정보가 우리 감각을 강타하는데, 이 필터가 있어서 우리가 정신적 과부하를 겪지 않는다. 우리 뇌는 일상의 쓸데없는 소음들을 걸러내고 진짜 중요한 것에만 집중하려고 한다. 반면 그는 이렇게도 말했는데, "물론 귀담아 듣지 않으려는 게 때론 현명할 수 있다. 하지만 이런 자기보호 본능이 오히려 독이 될 수도 있는데, 정작 귀 기울여야 할 중요한 것들을 놓치게 만들기도 한다."[59]

드레이크포드가 설명한 주의력 필터 외에도, 우리는 각자 이해를 방해하거나 왜곡하는 감정 필터를 가지고 있다. 벨소리만으로 개가 침을 흘리게 만들었던 파블로프~Pavlov~의 유명한 실험에 대해서는 모두들 들어봤을 것이다. 1930년대에 뉴욕 퀸즈대학의 그레고리 라즈란~Gregory Razran~ 교수는 사람들에게 '스타일'이나 '상자'라는 단어만 들려주어도 침을 흘리게 할 수 있다는 것을 실험을 통해 밝혀냈다.[60] 라즈란의 실험은 논리적으로 아무런 연관이 없는 단어로도 의도적으로 어떤 특정한 기분을 느끼게 할 수 있음을 보여주는 것이다.

우리가 감정 필터를 일부러 작동시키는 것은 아니지만, 그것은 라즈란의 실험만큼이나 강력한 효과를 발휘한다. 어렸을 때 부모님이나 선생님, 존경하는 다른 어른, 또는 친구들이 병원, 정치인, 세금 같은 단어에는 은근한 코웃음이나 찌푸린 얼굴, 우거지상 또는 경멸 어린 몸짓을 취하는 반면, 중립적으로 보이는 단어나 생각을 이야기할 때는 미소를 짓거나 유쾌한 표정으로 얘기하는 것을 보았을 것이다. 일단 그런 조건화가 일어나면, 아이들은(또는 어른들도) 별 의도 없이 그 단어에 감정적으로 반응하게 된다. 그래서 상대방이 얘기한 내용 중에 그런 단어가 포함되어 있으면, 이미 뇌리 속에 깊이 박힌 그 단어의 느낌이 되살아난다.

우리는 누군가의 말을 들을 때, 그 사람에 대한 선입견이라는 필터를 통과시키곤 한다. 예를 들어, 첨예한 노사협상 중이었던 한 관리자는 친구에게 이렇게 고백했다. "노조 대표가 어차피 이런 말을 하겠지 하는 선입견 때문에, 가끔 제대로 귀 기울이지 못했어." 부부관계에서도 이런 일이 비일비재한데, 남편은 특정 주제에 대해 '어차피 와이프는 이렇게 말할 텐데……'라고 단정 짓고, 실제로 아내가 하는 말은 귓등으로 흘린 채 자기 생각대로만 반응하고, 부모님과 자녀 사이에서도 이런 식의 소통장애가 흔하게 발생한다.

《명상, 처음이자 마지막 자유 The First and Last Freedom》에서 인도 철학자 크리슈나무르티 Jiddu Krishnamurti 는 이렇게 주장한다.

> **정말로 들을 수 있으려면, 모든 편견을 버리거나 한쪽에 치워두어야 한다.** (중략) 정말로 들을 준비가 되어 있을 때만이 모든 것을 쉽게 이해할 수 있다. (중략) **하지만, 안타깝게도 우리는 대부분 차단막을 통해 듣는다. 우리를 가로막고 있는 것은 편견이다.** 그것은 종교적 편견일 수도 있고, 상대방의 성격일

수도 있고, 심리적 또는 과학적인 이론일 수도 있고, 그날의 걱정거리나 욕구 또는 두려움일 수도 있다. 이런 차단막의 위험을 안고 우리는 듣는다. 이런 점에서 볼 때, 우리는 상대가 하는 말이 아니라 실제로는 우리 자신의 소음, 우리 자신의 소리에 귀를 기울이는 것이다.[61]

반사 반응은 이러한 필터로 인해 생기는 오해를 바로잡는 데 효과적인 방법이다. 우리가 반응하는 내용이 잘못되었다면, 상대방은 분명히 그것을 바로잡아줄 테니까 말이다.

‖ 정확성 여부의 확인, 따뜻함과 관심의 전달 방식 ‖

자신의 머릿속이나 가슴속에 있는 말을 정확하게 표현하는 일이 그토록 어렵고, 상대방의 말을 집중해서 듣고 왜곡 없이 이해하는 것 역시 쉽지 않기 때문에, 대화하면서 자신이 정확히 들었는지를 확인하는 일은 굉장히 중요하다. 그래서 훌륭한 청자는 듣는 도중에 간간이 자신이 들은 내용을 요약해서 상대방에게 다시 들려줌으로써 자신이 제대로 들었는지를 점검한다.

그런데, 대화에서는 정확성도 중요하지만 대부분의 사람들은 그 이상을 원한다. 즉 타인의 따뜻한 관심을 갈망하는 것이다. 어떤 격렬한 감정에 휩싸이거나 큰 걱정거리가 있을 때, 또는 심각한 문제가 생겼을 때, 사람들은 혼자라는 생각이 들기 때문에 인간적인 접촉과 도움을 원한다. 공감 능력이 뛰어난 청자는 자신만의 독특한 방식으로 따뜻한 관심을 전달함으로써 그런 상대방에게 위로가 되어준다. 또한 반사적인 청자는 외롭게 투쟁하고 있는 상대방이 연대감을 느끼도록 반응한다.

| 의심은 행동을 통해 사라진다 |

반사적 듣기가 왜 대인관계에서 이해력을 높여주는가를 깨닫기 위해서는 그 근거를 이해하는 것이 좋다. 이론은 지식을 바탕으로 한 동의를 이끌어내어 사람들이 새로운 대화 방식을 시도하게 만든다. 몇몇 권위자가 그렇게 주장했기 때문이 아니라, 그 방식이 일리가 있다고 스스로 판단하는 것이다.

하지만 최종적인 실험이 행해지는 곳은 머릿속이 아니라 실생활의 현장이다. 이론에 상관없이, 효과적인 반사 반응을 적절하게 구사했을 때 그것이 의사소통을 원활하게 하는지 방해하는지는 수많은 일상대화에서 판가름해야 한다. 요컨대, 반사 반응의 가치는 머릿속에서가 아니라 경험 속에서 평가되는 것이다.

영국 수필가 토마스 칼라일Thomas Carlyle이 쓴 글 중에 이런 말이 있다. "모든 종류의 의심은 오직 실천을 통해서만 씻을 수 있다."[62] 건설적인 회의주의$_{Skeptism}$는 검토 중인 가설을 실생활에서 테스트하는 법이다.

뒤에 이어지는 CHAPTER 6, CHAPTER 7에서는 가장 효과적인 반사 기술에 관해 설명하겠다. 이제 여러분은 이런 듣기 방식을 정당하게 평가할 수 있는 충분한 능력을 갖추게 될 것이다.

| 요약하자면… |

처음 반사적 듣기 기술을 배울 때, 사람들은 그 방법이 과연 실생활에 적합할 것인지 의심한다. 그리고 그 기술들을 처음 사용할 때는 어색하고 우스꽝스럽게 느낀다. 하지만 이것은 기술을 배우는 과정의 한 단계일 뿐이고 발전이 계속됨에 따라 금방 극복된다. 어떤 사람들은 이 방식이 너무 '구조화'되어 있다고 불평한다. 하지만 모든 의사소통 방식은 필연적으로 구조화될 수밖에 없고, 그런 구조화가 각자의 개성 표현을 방해하지도 않는다는 사실을 깨닫고 나면, 이런 불평은 그다지 근거가 없음을 알 수 있을 것이다.

한편, 이 듣기 방식이 자연스러움을 해친다고 하는 사람도 있다. 물론 자연스러운 것이 좋은 경우도 많이 있지만, 자연스럽게 사용하는 의사소통 방해요소의 폐해를 생각해보면, 반사 반응이 더 바람직하다는 것을 알 수 있을 것이다.

덧붙여, 대화에서 나타나는 다음 여섯 가지 특징을 알고 나면 반사적 듣기가 얼마나 합리적인지를 깊이 깨닫게 될 것이다.

1. 사람들은 같은 단어를 각자 다른 의미로 인식하고 있다.
2. 사람들은 메시지를 보낼 때, 그것을 '암호화' 하는 경우가 많다.
3. 사람들은 흔히 자신들에게 더 중요한 문제는 제쳐두고 가짜 문제만 이야기한다.
4. 말하는 사람은 자신의 감정을 모르고 있거나, 반대로 감정에 눈이 먼 상태일 수 있다.
5. 듣는 사람은 다른 생각에 빠지기 쉽다.
6. 듣는 사람은 상대방의 이야기를 자신의 필터를 통해서 듣기 때문에 잘못 이해할 수 있다.

반사적 듣기는 청자가 정확하게 들었는지를 확인하는 기회도 되고, 따뜻한 관심을 전달하는 통로 구실도 한다.

이론은 반사 반응을 시도해볼 것인지를 결정하는 데 필요한 정보이지만, 이 방법의 가치를 최종적으로 판단하려면 이 책에 나온 근거에 기대기보다는 올바른 방법으로 직접 시도해보는 것이 더 도움이 될 것이다.

‖ CHAPTER 6 ‖

신체언어 읽기

우리는 모두 이런저런 방식으로 각자의 생각을 세상으로 내보낸다. (중략) 그런데 그것을 의식적으로 보내기보다는 비언어적인 신체언어로 나타낸다. 믿어지지 않을 때는 눈썹을 추켜올리고, 뭔가 이해되지 않을 때는 코를 문지른다. 혼자 조용히 생각하거나 방어의식이 생길 때는 팔짱을 낀다. 관심 없다는 뜻으로 어깨를 으쓱하고, 친근함의 표시로 윙크를 한다. 초조할 때는 손가락으로 책상을 두드리고, 깜빡했다는 것을 알았을 때는 이마를 친다. 그런 제스처는 셀 수 없이 많고 그중 어떤 것은 의식적으로 취하기도 한다. 하지만 영문을 모를 때 코를 문지르는 것이나 자신을 방어하려는 심리가 생길 때 팔짱을 끼는 것 같은 행동은 대부분 무의식적으로 나오는 것이다.[63]

_ 줄리어스 패스트 Julius Fast, 작가

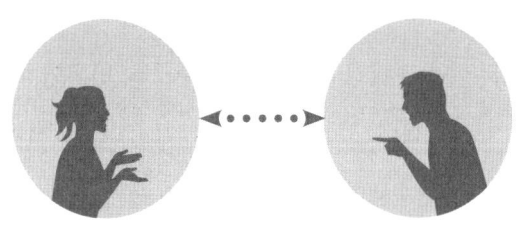

| 신체언어의 중요성 |

사람이 자신의 의사를 전달하지 않는 것은 불가능하다. 말을 하지 않는다 해도 아무 행동도 하지 않는 것은 불가능하다. 그 사람의 행동 – 얼굴 표정, 자세, 제스처, 그리고 그 밖의 동작들 – 에는 반드시 정보의 흐름이 있고, 그가 품고 있는 감정의 실마리가 끊임없이 새어 나온다. 그러므로 신체언어를 읽는 것은 효과적인 듣기에서 가장 중요한 기술 중 하나다.

    사람과 사람이 마주보며 이야기할 때, 말을 통해서 얻는 정보는 아주 미약하다. 이 분야의 저명한 학자는 대화에서 말을 통해서 전달되는 내용은 35퍼센트뿐이고 나머지는 신체언어를 통해 전달된다고 주장한다.[64] 널리 인용되는 앨버트 메라비언Albert Mehrabian의 논문에 따르면, 대화에서 말로 전달되는 비율은 7퍼센트뿐이고 나머지 93퍼센트는 비언어적인 요소로 전달된다고 주장했다.[65] 논문의 구체적인 수치에 대해서는 의문의 여지가 있겠지만, 이 연구 결과에서 나타나는 일반적인 법칙 – 대화에 신체언어가 중요한 매개체라는 – 에 이의를 제기할 사람은 거의 없을 것이다.

심리치료학자인 알렉산더 로웬Alexander Lowen은 이에 대해 이렇게 설명한다. "일단 신체언어 읽는 법을 배우고 나면 그것은 어떤 말보다 정확하다."

비언어적 의사소통은 인류 역사의 대부분을 통틀어 유일한 언어로, 수천 년 동안 구두나 문자 언어는 존재하지 않았으며 신체언어가 유일한 의사소통 수단이었다.

인류가 출현하기 시작할 때부터 신체언어는 상대방을 이해하는 수단이었지만, 행동과학자들이 비언어적 의미를 체계적으로 연구하기 시작한 지는 몇십 년밖에 되지 않는다. 그들은 복잡한 해석 체계를 개발했고, 사람들의 대화 장면을 찍어 느리게 돌리면서 장면을 하나하나 분석했고, 수천 건의 실험을 했다. 신체언어의 과학적 연구는 아직도 걸음마 단계이고 그 결과도 어느 정도는 추측에 바탕을 둔 것이긴 하지만, 인간의 대화를 이해하는 데 중대한 기여를 했다. 현대 과학자들의 연구와 역사상 신체언어에 민감했던 사람들의 행동을 종합해보면, 신체언어를 통해 상대방을 이해할 수 있는 중요한 열쇠를 찾아낼 수 있을 것이다.

| 비언어적 행동들 : 감정의 언어 |

정보를 전달할 때 말을 이용하는 것과 말 외의 방식을 이용하는 것은 서로 겹치는 부분도 있지만, 전달하는 메시지가 본질적으로 어떤 유형이냐에 따라 효과를 발휘하는 영역이 다르다.

말은 사실적인 정보를 전달하는 데 가장 효과적이다. 책 제목이나 그날의 날씨, 옷 가격 또는 플라톤 철학의 핵심을 설명하려 할 때는 주로 말에 의존하게 된다. 말은 감정을 표현하기도 하는데, 이때는 보통 신체언어와 병행해 사용된다. 하지만 감정 영역에서는 신체언어가 더 유리하다. 그 이유를 폴 에크먼Paul Ekman과 월러스 프리센Wallace Friesen은 이렇게 설명한다.

> 빠르게 변하는 얼굴의 신호는 감정을 표현하는 주요 시스템이다. 그것을 통해 당신은 상대방이 화가 났는지, 혐오감을 느

끼는지, 걱정이 있는지, 슬퍼하는지 등을 알 수 있다. 사람들이 느끼는 감정을 언어가 모두 표현할 수 있는 것은 아니다. 상대방이 어떤 감정을 얼굴에 나타냈을 때 그것을 표현할 적절한 말을 찾지 못하는 경우도 많다.[66]

비언어적 행동은 감정뿐 아니라, 그 사람이 감정에 어떻게 대응하고 있는지까지 보여준다. 예를 들면, 어떤 사람이 화난 표정을 짓고 있다고 하자. 그는 위협하는 듯한 몸짓과 불끈 쥔 주먹으로 싸울 것처럼 다른 사람에게 다가가고 있을 수도 있고, 몸에 잔뜩 힘을 주고 이를 악 물면서 화를 억누르고 있을 수도 있다. 또는 발을 바닥에 구르거나 팔을 휘두르거나 문을 쾅 닫거나 하는 방식으로 분노를 표출하기도 한다. 그런 신체언어를 관찰하면, 그 사람이 자신의 감정에 어떻게 대응하고 있는지를 꿰뚫어볼 수 있는 것이다.

대화를 하는 사람은 일차적으로 감정을 비언어적 행동을 통해 전달한다. 이야기할 때 상대방과 상당히 멀리 앉아 있거나 긴장한 자세로 앉아 있거나 다른 방향을 향한 채 눈도 맞추지 않는다면, 그들은 대화를 제대로 하고 있지 않을 가능성이 높다. 제라드 이건이 얘기했듯이 서로 외면한 얼굴은 서로 외면한 마음을 의미한다.[67]

우리가 가르치는 의사소통 방식에서는 감정의 중요성을 강조한다. 물론 대화의 내용도 매우 중요하다. 하지만 감정이 깊숙이 개입되어 있는 경우에는 그것에 주목해야 한다. 감정을 전달하는 주요 수단은 비언어적 행동이므로 상대방이 전달하는 가장 중요한 내용들을 이해하기 위해서는 그것들을 중심에 두어야 한다.

| 숨어 있는 감정의 '누출' |

우리는 어떤 단어를 자신의 감정을 감추기 위해 쓰는 경우가 있다. 감추고 싶은 마음이 잠재의식 속에 있어서 우리 자신이 그것을 의식하지 못하는 경우도 있다. 마찬가지로, 우리는 자신의 신체언어를 조종하려 하기도 한다. 의식적으로든 아니면 잠재의식에서든, 우리는 비언어적 행동으로 표출되는 감정을 조작하여 표현하려 한다.

사실은 자신에게 정말 중요한 문제임에도 관심 없다는 듯이 어깨를 으쓱하기도 하고, 거짓 미소로 분노를 감추기도 한다. 슬픈데도 얼굴 근육을 잔뜩 긴장시킨 채 터지려는 울음을 억누르기도 한다. 자신의 기분을 감추기 위해 일부러 무표정한 얼굴로 위장하기도 한다. 요컨대, 상황에 따라 다르고 그 정도에도 차이는 있지만, 우리는 모두 거짓 신체언어로 감정을 감추려 애쓴다는 것이다.

자신의 생각을 감추기 위해 어떤 다른 단어를 사용한다면 그것은 효과를 거둘 수 있다. 하지만 비언어적 행동을 조종하려고 하더라도 우리 몸은 진짜 감정을 드러낼 가능성이 크다. 거짓말 탐지기의 결과가 비교적 정확한 이유는, 거짓 이야기를 꾸며내면서 신체 반응을 마음대로 조종하는 일이 결코 쉽지 않기 때문이다.

자신의 감정을 신체언어로 나타내지 않기 위해 필사적인 노력을 한다 해도, 그의 진짜 감정은 그 노력을 뚫고 나오기 마련이다. 물론 눈 깜짝할 사이이긴 하지만 말이다. 이에 관한 실험이 한 가지 있다. 이 실험에서 실험자는 피실험자에게 격렬한 감정을 불러일으키는 영화를 보여주며 어떤 감정도 드러내지 말라고 지시했다. 영화를 다 본 후, 그 사람은 자신이 감정을 전혀 드러내지 않았다고 자신했다. 하지만 영화를 보는 동안 그 피실험자를 촬영한 비디오를 돌려봤을 때, 온갖 노력에도 불구하고 역겨워하는 그의 감정이 여러 번 '누출'되었다.[68]

신체언어는 말하는 사람의 가장 중요한 문제가 무엇인지를 나타내기 때문에 제대로 들으려는 사람은 그것을 잘 관찰해야 한다. 자신의 감정을 말로 표현하기를 꺼려할 때나 스스로 의식할 수 없을 정도로 감정을 억누르고 있을 때에도, 비언어적 행동은 그 사람의 진짜 감정을 드러내는 경우가 많다. 지그문트 프로이트가 얘기했듯이 "자기 폭로는 온몸의 땀구멍에서 새어 나온다."[69]

| 신체언어를 읽기 위한 지침 |

침묵의 언어, 즉 행동의 언어를 제대로 읽기 위해 나는 다섯 가지 지침을 따른다.

첫째, 가장 가능성 있는 단서에 의식적으로 주목한다. 둘째, 상황을 적절히 고려하여 비언어적 행동을 이해한다. 셋째, 앞뒤가 맞지 않는 부분이 있으면 그것에 주목한다. 넷째, 대화 내용과 관련하여 감정을 이입해 깊이 생각해본다. 마지막으로, 내가 이해한 것을 상대방에게 다시 들려주어 확인 받거나 수정한다.

‖ 가장 가능성 있는 단서에 주목하라 ‖

일반인들의 통념과는 반대로, 우리가 대화하고 있는 상대방의 감정에 관한 단서는 너무 적은 것이 아니라 오히려 너무 많다. 청자로서, 우리가 화자의 감정에 관해 얻는 정보의 출처는 여섯 가지인데, 청각 영역과 관련해서는 세 가지 출처가 있다.

첫째는 말로 표현하는 특정한 단어들, 둘째는 목소리 어조, 셋째는 말하는 속도나 주저하는 빈도와 길이다. 말하자면 "어……" 또는 "음……" 하는 말로 인해 이야기가 중단되는 횟수와 그 시간이다.

시각 영역에서도 화자의 감정을 추측할 수 있는 세 가지 출처가 있다. 그것은 얼굴 표정과 태도, 제스처이다.

이런 수많은 암시가 화자에게서 넘쳐난다. 하지만 화자의 얘기 중 더 중요해 보이는 정보에 정신이 팔려 가장 중요한 메시지를 놓치는 경우도 많다. 우리는 심리학자인 윌슨 반두센Wilson Van Dusen이 가장 신뢰성 낮은 출처라고 한, 입 밖으로 말한 단어에 지나치게 의존하는 경향이 있다. 상대방을 더 정확히 이해하기 위해서는 대화의 비언어적 요소에 좀 더 세심하게 주목해야 한다.

‖ 얼굴 표정 ‖

보편적으로 볼 때 행동과학자들은 얼굴이 감정의 가장 중요한 출처라는 데에 이견이 없다. **화자의 감정을 알아내려면 눈치채지 않게 그의 얼굴 표정이 어떻게 변화하는지를 관찰하라.** 진화론을 제창한 박물학자 찰스 다윈Charles Darwin은 《인간과 동물의 감정 표현에 대하여The Expression of the Emotions in Man and Animals》라는, 신체언어에 관한 선구적인 저작물을 남겼다. 사람은 상대방의 얼굴 표정에서 감정을 해독할 수 있다는 다윈의 가설은 최근의 연구에 의해 검

증되었다.

    얼굴은 특정한 감정을 드러내기도 하지만 그 사람에게 정말로 중요한 것이 무엇인지도 나타낸다. 가끔, 말하는 사람의 얼굴이 자기도 모르게 눈에 띄게 긴장된 기색을 띠는 경우가 있다. 이런 현상은 별로 중요하지 않은 이야기를 하는 도중에 일어날 수도 있다. 이런 경우에 청자는 그런 반응을 일으킨 내용에 주목하여 어떤 화제가 그 사람의 감정에 영향을 끼쳤는지를 짐작해서 그것에 관해 이야기해보는 것이 좋다.

    한편, 일상적인 대화를 하던 상대방이 갑자기 밝은 표정이 되거나 유난히 흥미를 느끼는 듯 생기가 돌았던 경우도 있을 것이다. 표정이 가장 풍부한 곳은 눈과 그 주위의 피부 근육이다. 환희로 반짝이기도 하고, 슬픔 때문에 붉게 충혈되어 물기가 맺히기도 하고, 분노에 차서 노려보기도 한다. 눈을 보면 그 사람이 상대방과의 대화를 어떻게 진행하고 있는지 짐작할 수 있다. 눈은 애정과 신뢰를 보내주기도 하고 거리감을 드러내기도 하며 무관심을 나타내기도 한다. 많은 문화에서, 따뜻한 눈 맞추기는 가장 순수한 형태의 상호작용이자 가장 높은 수준의 영혼의 결합이다.

    사람은 나이가 듦에 따라, 인생에서 가장 자주 느꼈던 감정이 영원히 그의 얼굴에 새겨진다. 즐거움과 열린 마음이 깃든 나이든 얼굴은 행복하게 살았던 인생을 보여준다. 어떤 얼굴에는 마음먹은 대로 된 일이 하나도 없었던 양 (정말로 없었을 수도 있을 것이다.) 지울 수 없는 불만이 나타나 있다.

‖ 목소리 단서 ‖

존 울먼 John Woolman (영국령 북아메리카의 퀘이커교 지도자, 노예제 철폐론자)의 《일기 The Journal of John Woolman》에는 자신이 파푸네항 추장과 얘기하다가 통역이 있다는 사실도 잊고 자기도 모르게 기도를 하는 대목이 나온다. 이때 울먼의 기도 내용을 이해하지 못했던 그 추장은 통역하는 이에게 이렇게 말했다고 한다. "저 말들이 쏟아내는 마음을 느낄 수 있어서 정말 행복하네."[70]

훌륭한 청자는 화자가 한 말보다 훨씬 많은 것을 듣는다. 목소리의 높낮이, 말하는 속도, 말투, 그 외 의미를 전달하는 목소리의 미묘한 차이에도 귀를 기울인다. 목소리는 그 사람을 이해하는 데 가장 좋은 수단이다. 그래서, 심리치료학자인 롤로 메이 Rollo May 는 환자가 상담실에 들어왔을 때, 이렇게 자문해본다고 한다. "내가 단어를 듣지 않고 어조에만 귀를 기울인다면, 저 목소리는 무슨 말을 할까?"[71]

물론 기초적인 수준에서라면 누구나 말투의 차이를 구분할 수 있다. 예를 들면, "지난 주말은 정말 대단했어."라는 말은 말투에 따라서 적어도 두 가지 뜻이 있다. 그 애매한 말은 무척 즐거운 주말이었다는 뜻일 수도 있고, 몹시 불쾌한 주말이었다는 뜻일 수도 있다. 어떤 사람이 떨리는 목소리로 "나 직장 그만뒀어."라고 말했다면, 그것은 그 사람이 직장을 그만둔 것에 대해 슬퍼하거나 화가 났거나 두려워하고 있다는 의미이다. 반대로, 그의 목소리가 밝고 활기에 차 있다면, 그것은 분명히 사직에 대해 행복해한다는 뜻일 것이다.

분노, 열정, 즐거움 같은 감정에 차 있을 때는 말이 빠르고 목소리가 크며 어조가 높아지는 경향이 있다. 보통보다 말이 느리거나 목소리가 작거나 어조가 낮으면, 그 사람이 지루하거나 울적하다는 의미이다. 렌 스페리Len Sperry 박사는 목소리 특징(전문적 용어로는 언어 외적인 요소라고 한다.)과 그 의미를 다음과 같이 정리했다.[72]

준언어	가능한 감정/의미
· 단조로운 목소리	· 지루함
· 느리고 낮은 목소리	· 울적함
· 높고 활기에 찬 목소리	· 열정
· 끝이 올라가는 목소리	· 놀람
· 무뚝뚝한 목소리	· 방어적임
· 간결하고 커다란 목소리	· 분노
· 높고 끝을 길게 끄는 목소리	· 불신

어떤 사람들은 상대방이 말하는 태도를 치밀하게 분석하여 그 사람을 이해하는 데 남다른 능력을 발휘한다. 유명한 미스테리 소설가이자 페리 메이슨이라는 인물을 창조한 얼 스탠리 가드너_Erle Stanley Gardner_는 목소리에서 실마리를 찾아 핵심적인 정보를 탐지해내는 그의 동료 변호사에 대해 얘기한 적이 있다. 그것은 다른 사람은 전혀 눈치채지 못하는 정보였다. 다음은 가드너가 〈보그_Vogue_〉지에 기고한 글의 일부이다.

> 우리는 함께 법정에 나가곤 했는데, 그는 증인석에 있는 증인을 절대 쳐다보지 않았다. 수첩에 눈을 박은 채 증인이 한 말을 간단하게 메모하기도 하고 가끔은 그냥 멍하니 있기도 했지만, 증인의 목소리에는 항상 귀를 기울였다. 증인 심문 도중 어떤 때는 팔꿈치로 나를 찌르기도 했다. 그것은 그 시점에서 증인이 거짓말을 하거나 뭔가를 감추고 있다는 뜻이었다. 훈련 안 된 내 귀는 목소리에 담긴 미묘한 변화와 속도를 감지해내지 못했지만, 그는 놀랄 정도로 정확하게 그 지점을 잡아냈다.[73]

비록 우리가 위에 언급한 변호사의 경지까지 이르기는 어렵겠지만, 어떤 사람의 목소리에서 나타나는 높낮이와 음색, 말의 리듬, 유창함 여부 정도는 알아챌 수 있을 것이다. 이처럼 우리는 말투를 통해 화자의 기분을 어느 정도 감지할 수 있고, 우리가 느끼는 화자의 감정을 그에게 다시 반사해줄 수 있다.

• 자세와 몸짓, 그리고 '행위' •

자세와 몸의 움직임을 보면 그 사람의 기분, 자아상, 그리고 열정의 정도에 대해 의미심장한 정보를 얻을 수 있다. 머리와 팔, 손, 다리, 발의 움직임에서도 상당한 정보가 드러난다. 가령 대화를 그만하고 싶은 사람은 다리를 뻗거나 발을 까딱거리거나 책상 위에 있는 서류들을 정리하거나 가방을 잠그거나 곧 일어설 것처럼 몸을 똑바로 세워 앉는다. 어떤 사람은 자신의 상사가 대화를 끝내려고 할 때는 '코트 왼쪽 주머니에 들어 있는 담뱃갑을 간절한 눈빛으로 쳐다본다'는 것을 알게 되었다.

적당한 말이 없어서 나는 이것을 '행위'라고 부르는데, 우리가 그 행위들의 의미를 이해하면 다른 사람들의 감정을 알아낼 수 있다. 아동심리학자들은 집에서 신경질 부리는 아이들의 행동이 사실은 대부분 도움을 요청하는 신호라는 것을 알고 있다. 어린 아이가 있는 집 부모들은 새로 아기가 태어나서 그 아기에게 관심이 몰렸을 때, 그 손위 아이가 하는 짓이 갓난아기 때로 되돌아가는 것을 봤을 것이다. 이런 행동은 십중팔구 더 많은 관심을 보여 달라는 다급한 호소다. 교실에서 계속 말썽을 피우는 아이는 선생님의 관심을 받는 유일한 길이 그렇게 못된 행동을 하는 것이라고 생각했을지도 모른다. 생산성이 점점 떨어지는 직원은 회사의 경직성에 대한 실망과 분노를 그런 식으로 나타내는 것일 수도 있고, 상사와의 관계에서 느끼는 불만을 표출하고 있는 것일 수도 있다. 공감 능력이 있는 청자는 이런 종류의 행동을 관찰하고 자신이 해독한 내용이 정확한지를 확인한다.

‖ 상황을 고려하여 비언어적 행동을 읽어라 ‖

사람들에게 널리 읽히는 문학작품에서는 대부분 어떤 신체언어를 특정한 의미를 갖고 있는 것으로 암시하는데, 그러면 독자들은 신체언어에 대해 잘못된 생각을 갖게 된다.

전문가들은 어떤 손짓이나 동작도 그 자체만으로 특정한 의미를 나타내는 것은 아니라고 주장한다. 하나의 몸짓은 글 안에 있는 단어 하나에 해당되는데, 단어 하나에는 여러 가지 뜻이 있어서 글 쓴 사람의 의도는 오직 그 글의 문맥 안에서만 또는 그 주제 안에서만 정확하게 파악할 수 있다. 제스처와 상황과의 연관성은 단어와 문맥 간의 연관성보다 더 긴밀하다. 애브니 아이젠버그Abne Eisenberg와 랄프 스미스 주니어Ralph Smith Jr.가 쓴 글에는 다음과 같은 내용이 있다.

대부분의 단어는 어떤 상황에서 누가 그것을 사용하는가에 따라 의미가 달라지지만 가짓수는 얼마 안 된다. 하지만 콧날을 찡그리는 제스처는 그것과 함께 일어나는 신호, 찡그리는 사람의 성격, 그리고 그 상황에 따라 수천 가지 의미로 해석될 수 있다. 그러므로, 비언어적 신호 하나만 떼어놓고 의미를 지정하기는 어렵지만, 특정한 상황에서는 제스처의 의미가 명료해진다. 일반적으로 콧날을 찡그리는 것이 무슨 의미인지 단정하지는 못하지만, 대화에서라면 "조앤은 튀긴 버섯 냄새를 못 참아서 코를 찡그리고 있어."라고 할 때 그것을 의아하게 여기는 사람은 거의 없다는 것이다.[74]

어떤 구체적인 제스처를 해석할 때는 다른 몸짓뿐만 아니라 당사자가 한 말도 연관지어 생각해야 된다. 상대방이 한 말만 듣거나 신체언어에만 주목한다면 그의 생각을 오해할 우려가 있기 때문이다. 경청자가 되기 위해서는 상대방이 말하는 내용뿐만 아니라, 그 사람에게서 나타나는 모든 신호를 종합적으로 받아들일 수 있어야 한다.

‖ 불일치에 주목하라 ‖

상대방의 말과 몸짓의 의미가 서로 다른 경우를 본 적이 있을 것이다. 어떤 부인이 남편에게 이렇게 말하는 광경을 본 적이 있다. "당신 나한테 화난 것 같아요." 그러자 남편은 얼굴을 붉히고 주먹으로 탁자를 쾅 치며 외쳤다. "화 안 났어." 부인은 남편의 신체언어가 그의 말보다 더 확실하다는 것을 눈치챘을 것이다.

반대로, 직접 말로 하기에는 너무 슬퍼서 감히 입 밖에 내지 못하고 신체언어로 연막을 치는 경우가 있다. 내가 대화하면서 가장 가슴 아픈 때는, 상대방이 웃는 얼굴로 슬픈 얘기를 할 때이다. 가슴 저미는 슬픔을 토로하면서 빙그레 웃는 사람들의 얘기는 지금까지 수도 없이 많이 들었다. "25년간 다닌 회사에서 지금 해고당했어(쓴웃음). 그래서 자네의 일상은 어떤가?" 상대방이 비극적인 내용을 웃으며 얘기하면, 보통 듣는 사람은 마음을 놓거나 그 고통에 맞닥뜨리는 것을 회피하기 위해 말하는 사람과 함께 웃는다. '웃음으로 떨쳐버린다'는 말이 있을 정도로 이런 행동은 우리 사회에서 흔히 있는 일이다.

사실, 말과 신체언어가 일치하지 않을 때는 두 가지 메시지가 다 중요하다. 자신에게 일어난 비극적인 사건을 얘기하면서 웃는다면, 그것은 이 감정을 다른 사람에게 알리고 싶지만 부담은 주고 싶지 않다는 뜻이다. 혹은 그 사건에 대한 감정의 심연을 발견하고 그것을 털어놔야 할지 말아야 할지 혼란스러워 하고 있는지도 모른다. 물론 내가 제시한 점 외에도 다른 의미가 있을 수 있다. 요점은 사람의 말과 비언어적 행동(또는 두 가지 신체언어)이 일치하지 않을 때, 각 의사소통의 통로를 이용해서 의미를 찾아야 한다는 것이다.

‖ 자신의 감정과 신체 반응을 주목하라 ‖

자신의 몸이 어떤 반응을 일으키는지를 잘 알아챈다면, 상대방이 무엇을 느끼는지를 더 잘 파악하게 된다.

언젠가 나는 어떤 십대 아이가 자기 아버지가 퍼붓는 폭언을 20분 동안이나 견디고 있는 장면을 본 적이 있다. 그 아버지가 하는 말은 대부분 사실이 아니었다. 아버지와 아들 간에 대화는 없었고, 오직 일방적인 호통만 있을 뿐이었다. 그러자 내 몸 전체가 긴장되었다. 뱃속이 뒤집히는 것 같았다. 내가 몸의 불편함에 초점을 맞추자 그 소년이 경험하고 있는 감정이 확연히 느껴졌다.

내 지인인 가족치료전문의는 문제가 있는 가족들에게서는 특유의 어떤 분위기가 느껴진다고 한다. 그런 가족과 함께 있으면 자신이 불안해지는 것을 금세 감지할 수 있다는 것이다. 그 분위기란 냉담하고 차가울 수도 있고, 예의 바르면서 따분할 수도 있다. 또는 분노가 폭발하기를 기다리는 것처럼 극도로 경계하는 듯한 분위기일 수도 있다. 그런 분위기를 느낄 때 그의 몸은 점점 불편해진다고 한다. 그래서 위가 거북해지거나 어깨가 아프거나 머리가 욱신거리기 시작하면, 그는 그런 느낌에 주목하고 그 가족들에게 무슨 일이 있는지 좀 더 주의 깊게 살피게 된다고 한다.

심리치료사인 프리다 프롬라이크만(Frieda Fromm-Reichman)은 환자가 느끼는 감정을 더 잘 이해하기 위한 방법을 한 가지 고안해냈다. 그녀는 자세와 몸짓이 환자의 감정을 추정할 수 있는 단서라는 것을 알고 있었기 때문에, 사소한 것이라도 환자의 자세와 제스처대로 따라해보려고 노력했다. 그녀는 환자가 한 태도를 그대로 취하면서 어떤 느낌이 드는지에 초점을 맞췄더니, 그들의 심리 상태가 훨씬 더 와닿았다고 한다. 나도 그런 방법을 사용해봤는데 확실히 효과가 컸다. 듣는 사람이 서투르거나 냉담하게 대하면 말하는 사람은 의기소침해질 수 있기 때문에, 청자는 상대방의 처지를 이해할 수 있는 방법을 세심하게 고민해야 한다.

‖ 상대방의 감정을 반사하라 ‖

반사적 듣기를 하는 청자로서 상대방의 신체언어를 보고 그의 감정을 인식했다면, 그것을 자신의 언어로 바꾸어 상대방에게 반사해야 한다. 상대방이 느끼고 있다고 짐작되는 감정을 말로 표현하면, 그 과정에서 몇 가지 소득을 얻을 수 있다.

먼저, 상대방의 감정에 관한 자신의 추측이 정확한지를 확인할 수 있다. 둘째, 반사한 말을 듣고 화자는 자신 안에 있는 감정을 더 잘 인식하게 된다. 셋째, 화자는 자신의 감정에 대해 더 얘기할 수 있는 용기를 얻는다. 넷째, 이해심 많은 청자를 통해 자신의 감정이 반사되는 것을 들으면 그는 자신이 이해받고 있다고 느끼게 된다. 그래서 그가 느끼고 있을지도 모를 외로움은 사라질 수 있다. 마지막으로, 마침내 화자가 자신의 깊은 감정까지 거리낌 없이 털어놓게 된다면, 그는 카타르시스를 경험하면서 긴장에서 풀려나 감정적·정신적 부활을 경험하게 된다.

크리스의 아내, 케이티가 퇴근해서 집에 돌아오더니 의자에 풀썩 몸을 던졌다. 그러고는 낙담한 목소리로 이렇게 말했다. "지난 2주일간 매달려 있던 프로젝트가 끝났어요." 크리스는 그때를 돌이켜보며, 자신이 신체언어에 주목해야 한다는 것을 배우기 전이었다면 이렇게 대답했을 거라고 말했다. "그래요? 다 끝났다니 나도 좋네요." 하지만 그때는 그럴 상황이 아니었다. 아내의 비언어적 행동에 주목한 크리스는 그녀와 마주앉아 이렇게 말했다. "다 끝나긴 했지만, 뭔가 잘못된 게 있어서 꺼림칙하군요." 그런 분위기에서 남편의 이해심과 공감에 마음이 움직인 케이티는 그때까지 일하면서 자신이 느낀 절망감에 대해 털어놓기 시작했고, 그들은 결혼 8년 만에 처음으로 깊은 얘기를 나누었다.

| 명료하면서도 난해한 언어 |

대부분의 사람들에게 신체언어는 모순이다. 비언어적 행동은 누구나 정확한 의도를 알 수 있을 정도로 명료할 때도 있지만, 무슨 의미인지 전혀 짐작하지 못할 정도로 어려울 때도 있다. 사람들은 가끔 침묵의 언어를 잘못 해석하고도 귀찮다는 이유로 그것이 맞는지 확인하지 않기 때문에 공연히 두 사람 사이가 소원해지거나 갈등이 일어나기도 한다.

에드워드 사피어 Edward Sapir 는 신체언어 해독 기술의 역설적인 면에 대해, 그 기술은 아무 데도 써 있지 않고 아무도 정확히 모르지만, 그럼에도 불구하고 모든 사람이 이해하는 정교하고 비밀스러운 암호법에 따라 작동되는 것 같다고 말했다.[75]

물론 모순적인 면은 여전히 남아 있지만, 비언어적 행동의 해독법에 대해 깊은 관심을 가진다면 각자의 의사소통 방식은 상당히 발전할 것이다.

| 요약하자면… |

사람들 간의 의사소통은 대부분 비언어적이기 때문에 신체언어를 읽는 것은 효과적인 듣기를 위해 매우 중요한 기술이다. 비언어적 요소는 상대방의 감정을 파악할 때 특히 중요하다. 사람들은 가끔 자신들의 감정을 비언어적 행동을 조작하여 감추려고 하지만, 이런 의도는 언어적인 면보다 성공하기 어렵다. 감정은 비언어적인 표현을 억누르려는 노력을 뚫고 분출되기 때문이다.

다음은 신체언어를 '읽는' 능력을 향상시키기 위한 지침이다.

- 가장 도움이 되는 단서들 – 얼굴 표정, 목소리 어조, 자세, 제스처, 그리고 '행위'에 초점을 맞추어라.
- 정황을 고려하여 비언어적 행동을 읽어라.
- 말과 신체언어의 불일치에 주목하라.
- 자신의 감정과 몸의 반응을 살펴라.

신체언어는 매우 명료하고 확실할 수도 있고 해독하기가 몹시 어려울 수도 있다. 어쨌든 청자가 화자의 신체언어를 이해하여 그것을 적절한 방식으로 반사한다면, 의사소통의 효율성은 몰라보게 높아질 것이다.

‖ CHAPTER 7 ‖

반사 기술 발전시키기

나는 당신의 말을 정확히 듣고 싶습니다. 그러므로 중요한 지점에서 당신이 의미한 것과 제가 이해한 것이 일치하는지 분명히 확인해야 될 것 같습니다. 당신의 말과 당신의 어조, 표정, 제스처, 그리고 몸짓을 통해서 저는 당신이 의미한 바를 어렴풋이 짐작은 하고 있습니다. 하지만 그것은 짐작일 뿐입니다. 제가 당신의 얘기를 제대로 이해했다는 승인을 받을 때까지 저는 제가 들은 얘기를 중간중간에 당신에게 다시 들려주어 확인해야 합니다.

저는 진정한 의미에서 당신이 느끼는 것을 느끼고 당신이 아파하는 부분에서 조금이라도 아파할 수 있을 정도로 깊이 있게, 명료하게, 그리고 정확히 듣고 싶습니다. 그래서 당신이 완전히 자유로워지기를 바랍니다.[76]

_데이비드 옥스버거

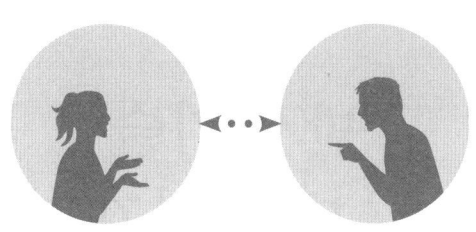

이번 CHAPTER에서는 반사 기술에 대해 좀 더 정확하게 알아보고 화자에게 도움되는 몇 가지 지침을 중점적으로 다룰 것이다. 또한 듣는 일 외에 청자가 할 수 있는 일이 무엇인지, 그리고 반사적 듣기가 적절할 때는 언제이고 적절하지 않을 때는 언제인지도 살펴볼 것이다.

| 더 잘 듣기 위한 지침 |

화자에게 주목하는 법과 대화에서 화자와 동행하는 방법, 그리고 화자가 말한 핵심적인 내용이나 감정을 반사하는 방법을 배웠다면, 이제 반사 기술을 발전시킬 때다. 다음에 설명하는 지침을 따른다면 훨씬 더 훌륭한 청자가 될 것이다.

‖ 이해한 척하지 말라 ‖

가끔은 상대방이 하고 있는 말을 이해하지 못하는 경우가 있을 것이다. 몽상에 빠져 있었기 때문일 수도 있고, 앞에서 한 얘기를 그때까지 생각하고 있었기 때문일 수도 있다. 아니면 말하는 사람이 하고 싶은 말을 명쾌하게 설명하지 못해서 그럴 수도 있다. 이럴 때 사람들은 보통 자신이 진지하게 듣고 있으며 상대방의 말을 모두 이해한 척하지만, 그러면 절대 안 된다. 상대방의 말을 이해하지 못했다면 그것을 인정하고 다음과 같이 말하는 것이 바람직하다. "당신 말을 이해하지 못했어요. 한 번 더 말씀해주시겠습니까?", "어머님께서 병이 들었다는 데까지는 들었는데, 그 다음에 무슨 일이 있었는지 다시 듣고싶군요."

‖ 상대방의 기분을 잘 안다고 말하지 말라 ‖

반사적 듣기를 시작한 사람들이 자주 하는 말이 "당신이 어떤 심정인지 제가 알아요."이다. 이런 반응은 바람직하지 않은데, 그 이유는 다음과 같다.

우선, 그 말은 사실이 아니다. 다른 사람의 감정을 읽었다는 것은 기껏해야 추측했다는 것뿐이다. 아무도 다른 사람의 심정을 온전히 이해할 수는 없다. 또한 그런 말은 청자의 이해를 돕기 위해 더 구체적이고 자세하게 설명하려는 화자의 의지를 꺾어버린다.

마지막으로, 화자는 당신이 정말 이해했을지 의심할 것이다. 당신이 이해했다고 상대방에게 말하는 것은 도움이 안 되는 경우가 훨씬 많다. 정말로 필요한 것은 당신이 상대방의 감정을 어느 정도 이해했다고 말하는 것이다. 목표는 상대방의 경험을 정확하게 인식하는 것이지만, 해야 할 일은 '당신의 말을 잘 듣고 있습니다'라는 마음을 비언어적인 방식으로 전달하는 것이다. 그렇게 하면, "당신 기분이 어떤지 알고 있습니다." 하고 말하지 않아도 상대방은 '이 사람은 나를 진심으로 이해하고 있구나.' 하고 느낄 것이다.

‖ 반응을 다양하게 하라 ‖

상대방의 이야기에 대해 어떤 것이 '옳은' 반응인지는 정해져 있지 않다. 화자가 한 말과 그에 대한 적절한 반사 반응을 살펴보자. 20대 후반인 한 여성이 친구에게 불만을 털어놓고 있다. "우리 엄마는 항상 우리 일에 간섭을 하셔. 엄마 일에만 신경 쓰시면 좋겠어." 이때 상대방이 보일 수 있는 반응은 다음과 같다.

"어머니가 그렇게 참견하시는 게 귀찮은 거구나."
"어머니가 네 생활에 간섭하시는 게 짜증나는구나"
"어머니가 너를 성인으로 대해주시면 좋겠다는 거지?
"어머니가 계속 당신의 의견을 강요하시니까 너무 싫겠구나."

‖ 감정에 초점을 맞춰라 ‖

나의 친구인 잭은 딸아이 대학교 학부모 초청 주간에 참여했다. 다음은 가족 식사시간에 딸과 함께 주고받은 대화이다.

> 루비 : 전 여기 다니기 싫어요. 저한테 너무 벅차요. 화학과 수학 과목은 낙제점을 받을 거예요. 그러면 창피해서 친구들을 어떻게 만나요. 생각도 하기 싫어요.
> 잭 : 학교 공부가 너무 어려운 모양이구나.
> 루비 : (눈물을 글썽거리며) 낙제할까 봐 무섭단 말이에요.

잭은 이때 딸의 감정을 완전히 무시하고, 대학 1학년 때는 누구나 제일 힘든 시기이고, 너는 영리하니까 곧 따라잡아서 학기를 무사히 마칠 수 있을 것이라고 얘기했다. 그 대화는 결국 루비가 울음을 터뜨리며 화장실로 뛰어가는 것으로 끝났다.

그날 일을 얘기하면서 잭은 이렇게 말했다. "루비가 우는 것을 보고서야 저는 선생님이 강조하신 대화에서 감정의 중요성이 생각났습니다. 다행히도 우리는 다음날 다시 얘기를 했고, 딸아이의 조바심과 두려움을 상기하면서 더 나은 대화를 했어요."

‖ 감정을 가장 정확하게 표현하는 단어 고르기 ‖

감정은 살아 있는 대화를 만들 때 핵심이 되는 요소다. **감정을 반사할 때 정확한 감정을 잡아내는 것도 중요하지만, 그 감정이 어느 정도인지를 잡아내는 것도 중요하다.** 감정을 나타내는 말이 상대방이 느끼고 있는 감정과 일치해야 한다는 것이다.

생애 처음으로 그랜드캐니언에 간 여성이 끊임없이 붉은색과 보라색으로 변하는 빛깔을 바라보며 황홀해하고 있었다. 한참 동안의 침묵에서 깨어난 그녀는 자신의 반려자를 돌아보며 꿈꾸는 듯한 눈빛과 경이로움이 가득한 목소리로 말했다. "정말 장엄해. 숭고해." 그러자 그녀의 반려자가 대답했다. "당신은 이곳을 정말 좋아하는군."

'장엄하고 숭고하다'는 것과 '이 장소를 좋아하는 것' 사이에는 상당한 감정적 괴리가 있다.

청자가 상대방의 감정을 더 정확하고 구체적인 말로 반사할수록 듣기 효과는 커진다. 하지만 안타깝게도 대부분의 사람들에게는 감정을 표현하는 단어가 아주 한정되어 있다. 다음과 같이 감정을 표현하는 형용사를 부사와 함께 쓰면, 그 감정의 정도나 세기를 어느 정도 전달할 수 있다.

"개가 죽어서 좀 슬프겠구나."
"개가 죽어서 몹시 슬프겠구나."
"개가 죽어서 아주 슬프겠구나."
"개가 죽어서 너무 슬프겠구나."

'상당히'나 '아주'라는 부사가 감정의 정도를 구체화하기는 하지만, 그래도 적합한 단어 하나를 쓰는 것보다는 효과가 덜하다. 예를 들면 "정말로 슬프겠구나"라고 하는 것보다는 "울적하겠구나", "가슴이 미어지겠구나"라고 하는 것이 더 낫다는 것이다.

감정을 좀 더 정확하게 표현하기 위해서 다음과 같은 단어 목록을 틈틈이 읽어두는 것도 하나의 방법이다.

애정 어린	명랑한	열망하는
화난	비난 받은	공감하는
짜증난	만족스러운	활기찬

배신 당한	완전히 좌절한	기력을 잃은
기쁨에 찬	패배한	극도로 짜증난
우울한	절망적인	두려워하는
부담스러운	극도로 당황한	당황한
매혹된	혼란스러운	어리석은
속은 듯한	지배당한	필사적인
죄책감을 느끼는	소외된	충격 받은
비통한	사랑에 빠진	악의적인
행복한	우울한	충격에 빠진
도움이 되는	비참한	어리석은
흥분된	불안한	동정심 있는
소름끼치는	괜찮은	긴장된
상처받은	격분한	끔찍한
신경질적인	평화로운	좌절된
무시된	박해하는	피곤한
강요된	압박 받는	함정에 빠진
극도로 화난	거절된	고민하는
위축된	편안한	취약한
고립된	안도한	멋진
질투하는	슬픈	걱정하는

| 초조한 | 만족한 |
| 친절한 | 무서워하는 |

이것을 여러 번 읽어본 후에는 그 정도에 따라서 이 감정 표현어를 분류하고 싶은 생각이 들 것이다. 다음 페이지의 [표7.1]은 감정 표현어를 정도에 따라서 정리하는 데 도움이 될 것이다.

상대방이 어려운 결정을 내리기 전에 객관적인 사실만 얘기할 때도, 노련한 청자는 그 혼란스러운 감정을 반사해준다. 샬린은 방금 전에 꼭 해보고 싶은 일을 제안받았다. 하지만 그녀가 그 일을 새로 시작한다면, 출장 때문에 한 달에 며칠씩 가족들과 떨어져 지내야 했다. 그녀가 이런 고민을 절친에게 털어놓자 그는 이렇게 답했다. "이 결정에 대해 정말 갈등하고 계시는군요." 이 반응으로 인해 샬린은 갈등하고 있는 자신의 감정을 좀 더 깊이 들여다볼 수 있게 되었다.

‖ 목소리로 공감 표현하기 ‖

공감은 머리뿐 아니라 가슴으로 듣는 것이다. 듣는 사람이 사실 위주의 내용을 냉담한 말투로 반사한다면 말한 사람은 자신이 온전히 이해받고 있다고 느끼기 힘들 것이다.

한편, 반사적 어조는 그 자체가 청자의 깊은 이해력을 보여준

강도	사랑	기쁨	힘	슬픔	분노	두려움	혼란함	나약함
강함	숭배하는	도취된	역동적인	황폐한	폭력적인	겁에 질린	당혹한	짓밟힌
	사랑하는	들뜬	강력한	고통스러운	격분한	공포에 떠는	일관성이 없는	무력한
	애지중지하는	매우 기쁜	힘찬	절망적인	격노한	당황한	혼란스러운	몹시 지친
	헌신적인	환호하는	전지전능한	우울한	화난	절망적인	혼미한	
					끓어오르는			
중간	애정	흥분된	효과적인	침울한	미칠 것 같은	겁먹은	티죽박죽된	무력한
	원하는	행복한	강한	우울한	짜증나는	무서워하는	혼잡한	취약한
	친구	쾌활한	자신감 있는	슬픈	약화된	불안한	새우는	서툰
	좋아하는	기분 좋은	능력 있는	기분 나쁜		경계하는	상실감이	부적합한
약함	신뢰받는	즐거운	유능한	기존 이하의	짜증나는	염려하는	미정의	허약한
	인정된	좋은	자격 있는	불쾌한	분노하는	초조한	불확실한	비효율적인
	소중히 여기는	흡족한	충분한	불만족하는	기분 상한	긴장하는	모호한	미약한
	괜찮은	만족한		저조한	동요하는	소심한	불분명한	

[표7.1] 감정 단어를 강도 수준에 따라 그룹화하고, 필요한 경우 단어들을 더 강하거나 약한 강도의 수준으로 이동하거나 빈 공간을 마음 속에 떠오르는 다른 감정 단어로 채울 수 있다.

다. 작곡가 에드바드 그리그Edvard Grieg는 헨릭 입센Henrik Ibsen의 시 〈물새에게To a Waterfowl〉에 곡을 붙였는데, 입센은 처음 그 곡을 듣자마자 그리그의 손을 덥석 잡고 이렇게 속삭였다고 한다. "내 마음을 읽었군! 정말로!" 민감한 청자가 화자의 마음을 포착하고 이것을 말뿐 아니라 목소리의 어조에 실어 반사할 때 화자는 이와 비슷한 경험을 한다.

목소리와 관련하여 중요한 점이 두 가지 있다. 첫째, 당신의 목소리에 따뜻함이 얼마나 많이 담겨 있는가이다. 목소리가 거칠고 냉정하고 날카로우면 상대방은 애정 어린 이해와 관심을 제대로 느끼지 못한다. 우리는 교육할 때 가끔 참가자들에게 지금 뭔가 큰 고민거리가 있는 상대방과 마주보며 이야기하고 있는 장면을 상상하게 한다. 그리고 나서 자신이 공감한다는 것을 말로 하지 말고 목소리만으로 표현해보라고 시킨다. 그러면 그들은 보통 낮고 약간 차분한 목소리를 낸다.

청자의 목소리 톤과 매너는 화자의 목소리 톤까지 반사해야 한다. 만약 상대방이 자신이 이룬 어떤 성공적인 사건에 대해 흥분해서 이야기하는데 청자가 무덤덤하고 단조로운 어조로 대답한다면, 말한 단어가 시의적절했다 하더라도 어조 때문에 그 반사는 실패라 할 수 있다. 어떤 의뢰인이 자신의 파트너가 외도한 일로 몹시 화를 냈을 때, 듣고 있던 사람이 이렇게 말했다고 하자.

"파트너가 저지른 일 때문에 노여우셨군요." 이때 화자가 말한 방식과 감정의 깊이는 이 청자의 반응에 어느 정도 반영되어 있다.(하지만 너무 과장해서 반사하는 것도 피해야 한다.)

책으로 의사소통 기술을 배울 때의 문제점은 어조에 관한 내용을 가르칠 수 없다는 것이다. 그래서 다른 사람과 나눈 대화를 테이프에 녹음해서 당신의 목소리에 공감의 느낌이 얼마나 살아 있는지 살펴보는 것도 유익한 방법이다.

∥ 구체적이고 직접적으로 말하게 유도하라 ∥

누군가의 이야기를 들어주게 될 때는, 대개 그 사람이 어떤 문제로 고민하고 있을 때다. 우리가 다른 사람의 고민을 들어주는 이유는, 그 사람이 최선의 해결책을 찾을 수 있도록 도움을 주기 위해서이다. 하지만 화자가 고민거리를 솔직하게 털어놓지 않으면 불가능까지는 아니지만 문제를 쉽게 해결하기가 힘들다. 애매한 문제에 애매한 처방은 효과를 보기 어렵다.

대화를 구체적으로 이끌어가기 위해 청자가 할 수 있는 일은 세 가지 있다. 첫째, 반응을 매우 구체적으로 하는 것이다. 가끔 화자가 상당히 구체적으로 설명했는데도 청자가 애매한 반응을 보이는 경우가 있는데, 청자는 반드시 화자가 말한 내용에 맞춰 반응도 그만큼 구체적으로 해야 한다. 또한 화자의 이야기가 애매하다면 좀 더 구체적으로 대화를 이끌어가려고 노력해야 한다. 다음 대화에서 청자가 보인 반응의 구체성에 주목하라.

> 조앤 : 그 파티에 못 가겠어. 친구들 얼굴을 어떻게 봐? 결혼 생활 문제로 지금 난 별거 상태라…….
> 엘리 : 너의 별거 생활에 대해 친구들이 어떻게 생각할지 모르는 상황에서, 파티에 갔다가 상처를 받게 될지 모른다는 거지?

대화를 구체적으로 이끌어가는 또 다른 방법은 몇 가지 사실적인 질문을 하거나 감정을 묻는 것이다. "예를 들어 설명해주겠니?"(사실 묻기), "그 사람이 그렇게 말했을 때 기분이 어땠니?"(감정 묻기) 같은 것이 이에 해당된다.

대화에서 구체성을 높이는 세 번째 방법은, 화자가 두서없이 말하는 것을 막는 것이다. 화자가 한번에 너무 많은 얘기를 하면 대화의 구체성과 의미심장함, 그리고 효력이 떨어진다.

자주 반응하기 위해서는 화자가 말하고 있을 때 끼어들어야 할 때도 있다. 상대방이 얘기하는 도중 끼어드는 것이 바람직할 수도 있다는 사실에 많은 사람들은 의아해한다.

하지만 청자의 위치에서 반사 반응을 이용해 두서없는 대화를 저지하면, 두 가지 효과를 얻을 수 있다. 끼어들기를 몇 번 하다 보면, 화자와 청자 사이에 말하기와 반사가 리듬을 타듯이 규칙적으로 진행되는데, 그러면 대화가 좀 더 매끄러워진다. 그러다가 화자는 같은 얘기를 반복하는 것을 멈추고 바로 핵심에 근접해간다.

‖ 독단적이지 않으면서 확실한 반응을 보여라 ‖

경험 많은 청자는 상대방을 정확히 아는 것은 불가능하다는 것을 알고 있다. 달성 가능한 최고목표는 논리적으로는 정확하되 대략적으로 이해하는 것이다. 그러므로 우리는 대화의 상대방을 항상 열린 마음으로 이해하려고 노력해야 한다.

우리가 반사하는 단어와 억양이 독선적이지 않아야 한다는 것은, 화자가 듣고 부담 없이 이렇게 말할 수 있어야 한다는 뜻이다. "아니예요. 제가 말한 건 그게 아니고, 무슨 뜻이냐 하면……." 그러면 청자는 화자의 말을 듣고 좀 더 정확하게 다시 반사해야 한다.

반사적 듣기를 배우기 시작하는 초보자들은 너무 독선적으로 반사하는가 하면, 지나치게 자신 없는 태도로 반사하기도 한다. 또 반사를 마치 질문처럼 하는 사람도 있다. 비록 반사하는 문장이 평서문 형식을 띠고 있다 하더라도, 반사하는 사람이 문장 끝을 올려서 말하면 그것은 질문이 되어버린다. 청자가 지나치게 소심하게 반응하면 대화가 원활하게 진행되지 않는다. 이런 사람들은 상대방에게서 받은 확실한 이미지를 반사하지 않고, 자신감 없는 모습을 보이며 간결하고 구체적으로 반사하는 데 주저하는 태도를 드러내기도 한다.

물론 화자가 무슨 말을 하는 것인지 애매할 때가 있을 것이다. 그런 때에는 "무슨 말인지 확실히 모르겠는데, 당신이 말한 뜻은 _____ 라는 거예요, 아니면 _____ 라는 거예요?" 하고 물어보는 것이 좋다.

노련한 청자는 경우에 따라 수동적으로 대할 때도 있지만, 보통 때는 독단적이지 않으면서도 성능 좋은 '음향장치'처럼 분명하게 반응한다.

‖ 화자의 해결책을 반사하라 ‖

만일 화자가 어떤 문제를 해결해야 한다면, 해결 방법을 찾는 것이 우선이다. 하지만 문제의 수렁에 빠진 화자는 자신이 얘기한 내용에 희미하게나마 해결책이 있는데도 그것을 모르고 있을 수 있다. 이때 능력 있는 청자는 상대방이 한 말에 숨어 있는 해결책에 주목하여 그것을 화자에게 반사해준다.

닉 : 난 숫자에 약해서 숫자에 관련된 일을 하면 머리가 굳어져. 계산에 착오가 생겨서 예측을 망쳐버릴까 봐 겁나는 거지. 내가 숫자를 자유자재로 다룰 수 있다면 이 일을 정말 잘할 수 있는데. 큰 그림을 볼 수 있고, 지금까지 미래의 경향을 아주 정확히 예측해왔으니까 말이야.

루이스 : (약점에 초점을 두어) 숫자에 관련된 일을 하는 게 너한테 어렵다는 거구나.

루이스 : (해결 방법에 초점을 두어) 너는 숫자를 다루는 데는 주눅이 들지만, 미래의 시장 경향을 예측하는 데는 자신이 있다는 의미네.

해결책에 현실적인 초점을 맞추는 것은 아주 중요한 일이다. 고민거리가 있는 사람들은 기본적으로 용기가 부족한 사람들인데, 이때 노련한 청자는 상대방이 지고 있는 절망감의 짐을 덜어줄 뿐만 아니라 그가 한 얘기 속에서 문제의 해결책을 포착하여 그것을 반사해준다.

‖ 질문 안에 함축되어 있는 감정을 반사하라 ‖

반사적 듣기를 배운 지 얼마 안 된 사람들은 화자가 자신들에게 직접 질문을 던졌을 때 어떻게 대응해야 될지 몰라서 쩔쩔매는 경우가 많다. 일반적으로 질문에 대답하지 않고 넘어갈 수 있는 경우는 드물기 때문에, 상대방에게서 질문을 받으면 계속해서 반사만 하겠다는 결심은 흔들린다. 한 워크숍에서 브라이언은 션과 얘기할 때 조언을 해주고 싶은 유혹을 물리치며 션이 말한 의미를 계속 반사했지만, 직접 조언을 구하는 질문을 받자 당황스러웠다고 했다. 브라이언은 그 대화을 이렇게 회상했다.

> 션 : 나는 오랫동안 이 문제를 생각해왔지만 이 상황을 어떻게 해결해야 될지 모르겠어. 자네가 내 입장이라면 어떻게 하겠나?
> 브라이언 : 나도 예전에 자네 같은 상황에 처한 적이 있지. 그때 내가 쓴 방법은 _____ 였는데, 나한테는 그게 효과가 있더군.

브라이언은 이런 질문을 던졌다. "선생님이라면 그렇게 조언을 해 달라는 요구를 직접 받았을 때 어떻게 하겠습니까?" 이런 문제는 반사적 듣기 기술을 배우기 시작한 초보자들에게 곤혹스러운 일이다. 한 가지 방법은 상대방의 질문이 정말로 의미하는 바가 무엇인지 파악하는 것이다. 그런 다음에 그 의미를 반사해주는 것이다. 브라이언과 션의 대화가 다음과 같이 진행되었다면 좋았을 것이다.

> 션 : 나는 오랫동안 이 문제를 생각해왔지만 이 상황을 어떻게 해결해야 될지 모르겠어. 자네가 내 입장이라면 어떻게 하겠나?
> 브라이언 : 이 문제가 자네 발목을 꽉 잡고 있구먼.
> 션 : 정말 그래. 내가 살아오면서 이렇게 힘든 일은 처음이네.

질문에 반사하는 방식을 몇 가지 더 살펴보자.

> 의뢰인 : 아내가 죽은 지 1년이 다 되어가요. 그런데도 전 슬픔에서 헤어날 수가 없습니다. 제가 과연 극복할 수 있을까요?
> 상담자 : 그러지 못할까 봐 두려우신 거군요.

또는

> 빅토리아 : 전 너무 초조할 때는 웃음을 터트려요. 어쩔 때는 멈추지 못할 정도로요. 제가 왜 그러는 걸까요?
> 젠 : 그런 반응이 의아하고 걱정되는군요.

청자가 질문 속에 숨어 있는 의미나 감정을 정확히 반사하면, 화자는 자신이 질문을 던졌다는 사실을 잊고 보통은 그 사안에 관해 더 깊이 있게 토로하거나 스스로 해결책을 모색하기 시작한다.

하지만 청자가 질문을 해독하여 그 의미를 화자에게 반사했을 때도 화자가 안달하며 다시 질문을 던지는 경우가 있다. 그럴 때 청자는 자신의 역할은 반사하는 것이지 조언을 해주는 것이 아니라고 설명하는 것이 좋다. 그러면 상대방은 이렇게 말할 것이다. "하지만 당신은 경험도 많고, 지혜롭잖아요. 정말 당신의 조언을 듣고 싶어요." 이런 경우 당신은 이렇게 화답할 수 있다. "저의 의견을 나눌 수 있어 무척 기쁩니다만, 제가 의견을 나누기 전에 저는 먼저 당신이 겪고 있는 일을 충분히 이해하고 싶군요. 부디 계속 말씀해주세요." 화자는 이어지는 대화에서 가능한 해결책이 논의될 것을 알면, 화자는 안심하고 해당 문제를 더욱 자유롭고 깊이 있게 탐구하려 한다.

‖ 대화가 결론 없이 끝날 수도 있다는 사실을 받아들여라 ‖

많은 청자들은 참을성이 부족하다. 그들은 오랜 시간 끌어오던 문제를 단숨에 풀려고 한다. 어떤 문제를 가지고 정신과의사를 찾아가면, 그 의뢰인과 의사는 적절한 해결책을 찾아서 실행할 때까지 몇 달 혹은 몇 년 동안 계속 만나기도 한다. 만일 그 사람이 똑같은 문제를 가지고 옆집에 사는 사람에게 간다면 어떻게 될까? 그 이웃은 그날 저녁 텔레비전에서 뉴스가 시작되기도 전에 해결책을 내놓을 것이다!

많은 사람들이 자신에게 닥친 문제를 배우자나 친구와 의논하지만, 그 대화는 눈에 보이는 해결책 없이 끝나기 십상이다. 이건 별 문제될 게 없다. 때때로 대화를 통해 화자는 자신이 부닥친 문제와 대안을 더 깊이 꿰뚫어 보기도 한다. 확고한 결정을 내리기 전에 대안과 선택에 대해 숙고할 시간도 필요할 것이다.

물론 청자로서는 다른 사람의 고민을 듣고 당장 그 문제를 해결할 수 없다는 사실에 실망감을 느낄지도 모르지만, 그런 자극은 훌륭한 청자가 되는 데 필요한 과정이라고 할 수 있다.

‖ 짧은 대화에서 반사하기 ‖

반사적 듣기와 관련해 가장 자주 나오는 불만은 시간이 많이 걸린다는 것이다. 그것은 의심의 여지가 없는 사실이다. 상대방의 말을 경청하는 데는 상당히 오랜 시간이 걸린다. 항상 시간에 쫓기고 업무 중심으로 사는 나로서는 그 문제를 세 가지 관점에서 본다.

첫째, 나는 이것을 가치의 문제로 본다. 내가 어떤 사람을 정말로 좋아하고 그에게 관심이 있다면, 내 우정을 보여주는 한 가지 방법은 그에게 할애하는 시간의 양과 질이다. 내가 할 수 있는 가치 있는 일은 사랑하는 사람의 얘기를 들어주고 내 얘기를 들려주는 것이다.

둘째, 나는 이 문제를 효율성의 문제로 본다. 다른 사람의 얘기를 듣지도 않고 반응도 해주지 않으면 당장은 시간을 절약할 수 있겠지만, 길게 보면 결과적으로 생기는 오해와 소외를 극복하기 위해 그보다 훨씬 많은 시간이 필요하므로 효율성에서도 엄청난 손해를 감수해야 하는 것이다. 경험상 고용주가 고용인의 얘기에 귀를 기울이지 않았을 때, 판매원들이 고객의 요구를 외면했을 때, 그리고 교사가 학생의 관심사에 귀를 기울이지 않았을 때, 그들은 나중에 결국 효율성 저하라는 대가를 치르게 된다.

듣는 일은 비효율적으로 보일 때가 많지만, 강한 욕구불만과 격앙된 감정을 품고 있거나 심각한 문제가 있는 상대방의 대화 요청을 거부하는 것은 매우 어리석은 일이며, 시간과 노력과 돈을 낭비하는 일이다.

마지막으로, 대부분의 반사적 듣기는 비교적 짧은 시간 안에 끝낼 수 있다는 것이다. 학생 하나가 수학 문제를 가지고 씨름하다가 풀지 못하고 책을 탁 덮는 것을 어떤 교사가 보았다. 그는 학생 책상으로 다가가 그 비언어적 행동을 반사했다. "이 수학 숙제가 너무 어려워 짜증나는구나." 어떤 직원이 아픈 몸으로 온종일 억지로 일을 하고 있었다. 그것을 본 동료가 이렇게 말해주었다. "몸도 안 좋은데 일을 계속 하려니까 너무 힘들지?" 미소 한 번, 끄덕임, 윙크, 등 두드려주기만으로 상대방을 이해한다는 뜻을 충분히 전달할 수 있다. 이런 단순한 반사를 경험해본 사람은 집안에서나 회사에서 또는 양쪽 모두에서 이런 방법을 자주 사용하게 된다.

| 반사적 듣기를 넘어서 |

반사적 듣기 기술을 배우는 사람들이 자주 묻는 질문이 있다. "상대방에게 고민거리가 있거나 강한 욕구불만이 있을 때, 반사적 듣기 이상의 어떤 대응이 필요한 경우도 있습니까?" 듣기만 하는 방법을 포기하고 상대의 필요성을 충족시키기 위해 좀 더 빠른 방법을 찾고 싶은 마음은 이해하지만, 그것은 대부분 효과가 미약하다. 하지만 듣기와 함께 사용할 만한 다른 방법이 있기는 하다.

‖ 더하기 반응 ‖

더하기 반응이란, 화자가 전달한 내용에 부가하여 반사하기를 더하는 것이다. 예를 들어, 친구가 새로운 직장생활을 시작하면서 동시에 가정을 꾸리는 것에 대한 상충되는 요구사항으로 힘들어 하고 있다고 털어놓았을 때, "너는 새 직장에서 성공하면서도 가정에도 잘할 수 있는 방법을 찾고 있구나."라고 반응하는 것이다.

화자는 실제로 이러한 갈등을 "해결할 방법을 찾고 있다"고 말하지 않았지만, 이 사례처럼 더하기 반응은 화자가 말한 내용과 연관되어야 한다. 적절하게(그리고 절제하여) 사용될 때, 이러한 반응은 화자가 세상을 좀 더 객관적인 관점에서 바라보거나 더 효과적인 의사결정과 행동으로 나아가는 데 도움이 될 수 있다.

더하기 반응의 문제점은 한 번 사용하기 시작하면 중독될 수 있다는 점인데, '청자'가 상대방의 문제를 대신 떠맡게 될 수 있다. 다른 사람들이 자신의 문제를 스스로 해결할 수 있도록 돕는 조력자가 되는 대신, 종종 청자로서의 역할을 멈추고 해결책을 제시하거나 상대방이 감정적으로 준비가 되기도 전에 문제 해결을 강요하는 조언자가 되기도 한다.

• 더하기 반응을 사용하기 위한 토대 구축하기 •

이러한 부정적인 결과를 최소화하기 위해서는, 반응을 하기 전에 먼저 신뢰와 이해의 기반을 구축해야 한다. 정확하고 공감하는 반응이 항상 더하기 반응보다 선행되어야 하고, 더하기 반응을 한 후 화자가 계속 이야기를 이어갈 때, 청자는 다시 반사적 경청 모드로 돌아가야 한다.

    그러면 더하기 반응을 사용할 때가 되었다는 것을 어떻게 알 수 있을까? 다음과 같은 상황이 될 때까지는 듣기를 계속해야 한다.

- 상대방의 사고방식의 틀 안에서 그의 상황을 볼 수 있게 되었을 때, 즉 화자가 이야기한 내용, 감정, 가치관 등을 이해하게 되었을 때
- 계속해서 듣는 것보다 뭔가 다른 조치를 취해야 한다는 확신이 들 때
- 상대방이 문제의 해결책을 찾는 데 도움되는 효과적인 방도를 찾아냈을 때

    화자의 입장에서 청자의 더하기 반응이 필요할 때는 다음과 같다.

- 제시된 문제에서 좀 더 근본적인 문제로 접근하기 시작했을 때

- 자기 자신과 자신의 감정을 받아들였을 때
- 직면한 문제의 어려운 국면으로 뛰어들 준비가 되어 있고, 더하기 반응으로 그 문제를 해결할 수 있을 때

• 더하기 반응의 2가지 문제 •

더하기 반응을 사용할 것인가 말 것인가, 사용한다면 어느 정도나 사용할 것인가 하는 의문에 부닥쳤을 때 두 가지 문제가 제기된다. 하나는 가치관의 문제이다. 이 반응을 사용해야 한다면, 문제와 씨름하고 있는 상대방의 인생에 어느 정도까지 개입해서 진로를 정해줄 것인가 하는 것이다. 또 하나는 실용적인 문제로서, 어떻게 해야 가장 효과가 클 것인가 하는 것이다. 이 두 가지 문제에 대해 듣기 분야의 선구자인 칼 로저스의 말을 들어보자.

> 나는 일을 바로잡거나, 목표를 정하거나, 다른 사람의 성격을 고치거나, 그들을 내가 원하는 방식으로 조종하거나 밀어넣으려는 경향이 점점 약해진다. 나는 지금 이대로의 내 모습, 그리고 다른 사람 그대로의 모습에 훨씬 더 만족하게 되었다. 내가 다른 사람이 처한 현실을 이해하고 받아들이려 할수록 더 많은 변화가 일어났다. 적어도 이것은 내가 경험에서 얻은 진리이고, 대인관계와 직장생활에서 깨달은 것 중 가장 심오

한 교훈이라고 생각한다.[77]

다른 행동과학자들도 변화하라는 압박을 더 적게 받은 사람일수록 더 많이 변화한다고 주장한다.

주의할 점도 많고 문제점이 많음에도 불구하고 더하기 반응이 필요한 경우도 있다. 대화에 따라서는 단순한 반사적 듣기를 넘어서는 이런 더하기 반응을 몇 차례 사용하는 것이 적절할 수 있다.

‖ 사실적인 정보 주기 ‖

고민거리를 토로하는 화자에게 청자가 사실적인 정보를 제공해주는 것이 바람직한 경우도 있다. 두 사람 사이에 신뢰와 이해의 토대가 쌓였다면, 다음과 같은 상황에서 청자가 화자에게 주는 정보는 큰 도움이 된다.

- 상대방이 감정적으로 청자의 정보를 받아들일 준비가 되었을 때
- 청자의 정보가 상대방의 '근본적인' 문제와 연관이 있을 때
- 상대방이 그 정보에 대해 모르고 있고 앞으로도 알게 될 확률이 낮을 때

- 그 정보의 효과에 대해 자신이 있을 때

관리 컨설턴트인 캐롤라인은 중요한 고객 프로젝트에 배정되지 않은 주니어파트너 퀸과의 대화에서 이러한 지침들을 잘 따랐다.

> 캐롤라인 : 이번에 새로운 고객을 위한 교육 프로그램을 공동 진행하는 그 임무를 맡지 못한 것에 대해 걱정하시는 것 같네요.
>
> 퀸 : 맞아요! 제가 실력 향상에 필요한 기회를 얻지 못한다면 어떻게 더 나은 트레이너가 될 수 있을까요?"
>
> 캐롤라인 : 당신은 정말 훌륭한 트레이너가 되고 싶은데, 이런 프로젝트를 이끄는 자리에 선택되지 않아서 소외감을 느끼시는군요.
>
> 퀸 : 정확히 그렇습니다. 제가 준비가 되어 있고 이 도전을 감당할 수 있다는 것을 증명하려면 어떻게 해야 할까요?
>
> 캐롤라인 : 우리 직원 중 가장 뛰어난 컨설턴트 한 분도 경력 초기에 이런 어려움을 겪었어요. 그분이 다른 주니어파트너들에게도 이런 난관을 극복하는 방법을 코칭해준 것으로 알고 있습니다.

퀸 : 그분과 이야기를 나누고 싶네요.

캐롤라인 : 제가 우리의 대화에 대해 말씀드리고 당신과 만날 시간을 내줄 수 있는지 여쭤보겠습니다.

캐롤라인은 분명히 퀸의 비언어적 행동에서 걱정스러움을 간파하고 그 걱정스러움을 반사했을 것이다. 그리고 그것은 퀸의 말문을 열게 했다. 그 다음에 캐롤라인은 그에게 꼭 들어맞는 정보를 가르쳐주었다. 그런 다음 퀸이 그녀의 제안에 관심을 보이자 바로 행동을 취했다.

‖ 행동에 착수하기 ‖

반사적 듣기를 하다가 어떤 조치를 취해야 할 상황이 올 수도 있다. '행동언어'가 상대방에게 해줄 수 있는 최고의 반응이다. 어린아이가 고장 난 자전거를 고치느라 낑낑대고 있고 그 일이 아이에게 너무 어려워 보일 때, 부모는 반사하는 것을 중지하고 직접 도와줘야 한다. 어떤 사람이 사랑하는 사람을 잃고 슬픔에 정신을 못 차리고 있을 때는, 반사적 듣기도 매우 중요하지만 그보다는 저녁식사에 초대하는 것이 더 중요하다. 때로는 다른 사람들이 어려움을 겪을 때 '필요한 일을 하는 것'이 가장 좋은 대응법이 된다.

‖ **문제 해결 지원하기** ‖

　문제의 해결책에 도달하도록 돕는 길이 능동적인 듣기밖에 없을 때도 있다. 하지만 욕구불만은 강한데 문제 해결 능력이 없는 사람도 있다. 이럴 때 훌륭한 청자는 상대방의 문제 해결을 직접 떠맡는 것이 아니라 당사자가 문제 해결책을 찾도록 안내한다. 이것에 관해서는 이 책 ②권의 CHAPTER 7에서 설명하겠다.

‖ **추천하기** ‖

　때로는 화자가 당신이 알 수 없는 정보나 감당할 수 없는 도움을 요청하는 수가 있다. 그런 경우에는 케롤라인이 퀸에게 했듯이 전문가의 도움을 받아보라고 제안해야 한다.

　추천을 제안할 때는 상대방의 이의, 저항, 걱정 등을 능동적으로 들어주는 것이 중요하다. 문제를 안고 타인이나 낯선 이를 찾아가는 것은 결코 내키는 일이 아니기 때문이다. 새로 소개한 전문가에게 화자가 완전히 적응할 때까지 꾸준히 관심을 갖고 그들의 이야기를 들어주는 것이 추천을 긍정적인 경험으로 만드는 데 중요한 부분이다.

‖ **자기 노출** ‖

　유능한 청자는 간절하게 도움을 바라는 화자에게 자신의 실제 경험을 말해주기도 한다. 하지만 이때 자기 노출 그 자체가 목적이 되어서는 안 되고, 특정한 도움을 주는 데 중점을 두어야 한다. 경험을 말해주는 것이 상대방이 자신의 문제를 좀 더 명확하게 이해하는 데 도움이 될 것인지 판단해야 한다는 것이다. 청자가 자기 경험을 효과적으로 토로하는 것도 훌륭한 반사적 듣기에 해당한다. 제라드 이건은 상담에서 효과적인 자기 노출과 비효과적인 자기 노출을 아래와 같이 보여줬다.

> 의뢰인 : 저는 아침에 일어날 때 가장 초조해요. 그날을 맞이하기가 싫어요. 너무 두렵거든요.
> 상담원 A : 저도 살면서 그렇게 아침에 초조했던 적이 있어요. 대학원에 다닐 때였는데 제가 정말 제대로 살고 있는지 확신할 수가 없더군요. 인생의 목표가 뭔지도 몰랐고요. 하지만 다 옛날 얘기죠.
> 의뢰인 : 학교생활이 무의미하다고 느꼈나요?

또는

> 의뢰인 : 저는 아침에 일어날 때 가장 초조해요. 그날을 맞이하기가 싫어요. 너무 두렵거든요.

상담원 B : 침대 밖으로 나가는 것이 고통스러운 투쟁이 되어 버린 거죠. 저도 대학원 다닐 때 그런 경험을 한 적이 있어요. 그럴 때는 정말 세상이 냉혹하게 느껴지죠.

의뢰인 : 정말 고통스러운 투쟁이에요. 하지만 그런 투쟁을 포기해버리면 세상은 더 암울해지겠죠.[78]

첫째 상담에서는 자기 노출로 인해 관심의 초점이 의뢰인에서 상담원에게 넘어갔다. 상담원 A의 반응을 듣고 의뢰인은 '심리 탐색'으로 넘어간 것이다.

반대로 상담원 B는 자신의 노출을 의뢰인의 상황과 연결 지은 뒤 공감하는 반응을 보여주었다. 상담원 B의 반응을 듣고 의뢰인은 좀 더 깊은 자기 탐색에 들어갔다.

‖ 언행 대조하기 ‖

화자를 도와주기 위해서는 다음과 같은 불일치에도 주목해야 한다.

- 화자가 생각하는 것과 말하는 것 사이의 불일치
- 화자가 느끼는 것과 말하는 것 사이의 불일치

- 화자가 말하는 단어와 신체언어 사이의 불일치
- 화자의 자아상과 남들이 보는 화자의 인상 사이의 불일치
- 화자의 현재 삶과 자신이 원하는 삶 사이의 불일치

대조 반응을 할 때는 "당신은 _____라고 말하면서[느끼면서 / 행동하면서] 한편으로는 _____라고 말하는군요[느끼는군요 / 행동하는군요]."라는 형식으로 말해주는 것이 좋다. 예를 들면 다음과 같다.

> 그렉 : (맥빠진 태도로, 한숨을 쉬며 느리게 얘기한다) 약혼을 하게 돼서 기뻐. 매건은 정말 괜찮은 여자거든.
> 미니 : 네가 기쁘다고 하지만 몸은 축 처져 있고, 목소리는 우울해 보이는 걸.

대조 반응을 시도하기 위해서는 세 가지 조건이 필요하다.

먼저, 대조를 하기 전에 신뢰와 이해의 토대가 확고하게 쌓여 있어야 한다. 둘째, 논의의 핵심요소인 모순을 청자가 인식하고 있어야 한다. 그리고 마지막으로, 화자가 이 불일치를 대면할 준비가 되어 있고, 이에 대처할 능력이 있다는 확신이 청자에게 있어야 한다. 적절한 시기, 그리고 객관적인 태도는 화자가 그 대조

를 유익하게 받아들이는 데 꼭 필요한 요소이다.

대조를 제시한 후에는, 당신이 강조한 차이점들에 대해 화자가 탐색할 때 반사적 응답으로 돌아가야 한다. 대조는 두 가지 이상을 연속해서 제시하면 안 된다. 이 방법은 사람들이 감추고 싶어하는 민감한 부분에만 유용하기 때문에, 그것을 써야 한다면 어쩌다 한 번만 조심스럽게, 그리고 노련하게 활용해야 한다.

| 반사적 듣기를 해야 할 때 |

반사적 듣기 기술이 필요할 때는 많다. 아래와 같은 상황이 여기에 해당된다.

‖ 실행에 옮기기 전에 ‖

간단한 바꿔 말하기는 자신이 지시 받은 일을 정확하게 확인하는 데 가장 효과적인 장치 중 하나이다. 일부 기업에서는 회의 말미에 시간을 정해놓고, 회의에서 결정된 각자 맡은 일을 실행하기 전에 그 절차를 바꿔 말하기를 통해 다시 한 번 확인하게 했다. 많은 사람들은 이런 바꿔 말하기가 회의의 성과를 높이는 데 크게 기여했다고 주장한다.

∥ 언쟁하거나 비난하기 전에 ∥

많은 언쟁은 상대방이 말한 내용을 제대로 이해했더라면 피할 수 있는 것들이다. 열나게 싸우다가 상대방이 "그게 바로 지금까지 내가 한 말이잖아요."라고 말한 적이 얼마나 많았던가를 생각해보라. 그 문제에 관해 둘 다 같은 의견이라는 것을 깨닫지 못하기 때문에 싸움이 자주 일어나는 것이다. 서로 의견이 다르다고 해도, 반사적 듣기를 통해 왜 그런 견해를 갖게 됐는지를 알게 된다면, 의견 차이를 이해하고 새로운 것을 배울 수 있을 것이다.

이것에 관해서는 갈등에 관해 설명한 ②권의 CHAPTER 5에서 자세히 논하기로 한다.

∥ 상대방이 격한 감정에 휩싸여 있거나 문젯거리에 관해 얘기하고 싶어할 때 ∥

상대방이 매우 흥분해 있거나 열정에 휩싸여 있거나 기쁨에 들떠 있을 때, 이때가 그가 말하는 것을 반사할 때다. 마찬가지로, 그가 우울하거나 혼란스러워하거나 화가 나 있거나 안절부절 못할 때도 반사적 듣기가 필요하다. 친구나 동료가 자신의 고민거리에 대해 당신과 얘기를 나누고 싶어할 때도, 그들이 최선의 해결책을 스스로 찾을 때까지 반사적 듣기를 유지해야 한다.

‖ 상대방이 자신의 얘기를 '암호화' 할 때 ‖

당신이 보기에 상대방이 자신의 메시지를 암호화하는 것 같다면, 그것은 직접 말하기 곤란한 문제가 있음을 의미한다. 이 감정을 말로 표현하도록 돕는 가장 좋은 방법은 능동적인 듣기이다. 이럴 때, 반사적 듣기는 상대방의 메시지를 해독하고 화자가 정말 말하고 싶어하는 것이 무엇인지를 알아내는 데 가장 큰 도움이 된다.

‖ 상호 직접 대화에서 ‖

한쪽이 듣기만 하는 상황에서는 주목의 초점이 보통 화자에게 있기 때문에 양 당사자의 관심이 모두 화자에게 쏠린다. 하지만 상호 직접 대화에서는 양 당사자가 똑같이 그 대화의 주인공이다. 그 둘은 똑같이 대화를 이끌어가고 똑같이 상대방의 말을 반사한다.

이때는 상대방이 한 말에 반사를 해준 후에 자신의 관점을 이야기한다. 이처럼 양 당사자의 역할이 똑같은 대화는 가벼운 대화에는 적합하지 않다. 한 사람, 또는 두 사람 모두에게 매우 심각한 문제가 있거나 갈등을 빚고 있는 상황에서 큰 효과를 보는 것이다.

‖ 자기 자신에게 이야기할 때 ‖

우리는 항상 스스로와 대화를 한다. 하지만 아이러니하게도, 우리는 자신에게 표현하는 생각과 걱정들을 거의 듣지 않는다. 대신, 우리는 자신을 비하하거나('넌 절대 그걸 해낼 수 없을 거야.') 또는 도덕적 훈계를 한다('자기 연민에 빠지지 말고 다시 일어나.').

이에 대한 대안으로, 당신 내면의 독백 내용, 특히 감정을 반영해보라('다음주에 해야 할 발표에 대해 불안해하고 있구나.'). 고요함과 침묵의 시간에 자신의 이야기를 요약하고 스스로의 마음에 집중해보라. 자신이 한 이야기를 반사적으로 들었을 때 나타나는 효과는 얼마나 놀라운지 모른다.

| 반사적 듣기를 피해야 할 때 |

방식은 좋지만 적절하지 못한 때에 사용해서 일을 그르치는 경우가 있다. 이것은 반사적 듣기에 특히 들어맞는 말이다. 반사적 듣기를 해야 할 구체적인 이유가 없을 때, 예를 들면 주로 주말에 뭘 했는지에 관한 이야기를 늘어놓는다면 반사적 듣기를 하지 말아야 한다. **과도하게 '적극적으로 듣기'를 하는 것은 불필요할 뿐만 아니라 오히려 부자연스럽게 보일 수 있다.**

‖ 상대방의 생각을 용납할 수 없을 때 ‖

당신이 반사적으로 들을 때 상대방은 자신의 보호막을 벗어 놓는다. 그는 당신에게 넘어가기 쉬운 상태가 된다. 그런데 당신이 도중에 도덕적 기준으로 선악을 판단하거나 어떤 식으로도 용인할 수 없다는 태도를 보이면, 그는 당신이 처음부터 분명한 태도로 그렇게 반응했을 때보다 더 깊은 상처를 받게 될 것이다.

당신이 판결자로서 누군가를 '공격'하고 싶다면, 처음에는 호의적으로 대하다가 나중에 돌변하지 말고 애초부터 태도를 분명히 해야 한다.

‖ 상대방이 자신의 해결책을 찾지 못할 것 같을 때 ‖

반사적 듣기의 기본 전제는 문제가 있는 사람이 그 문제를 해결할 최적의 인물이라는 것이다. 능동적 듣기는 그가 문제의 해결책을 찾도록 도움이 된다. 자신의 문제를 풀어야 될 책임이 당사자에게 있는 이유는 다음과 같다.

- 당사자는 그 문제에 대한 정보를 가장 많이 가지고 있다. 그가 자신의 문제를 아무리 빠짐없이 털어놓고 청자가 그것을 모두 듣는다 해도, 상대방은 상황에 대한 정보가 청자보다 더 많을 수밖에 없다.

- 위험을 감수하는 사람은 당사자다. 만일 해결책이 생각보다 효과가 없었다면 그 결과로 고통받을 사람도 바로 당사자이다.
- 해결책을 실행하는 사람은 당사자다.
- 자신이 해결책을 내놓고 실행할 때 자신감과 책임감이 강해지는 법이다. 그는 자신의 운명을 만들어나가는 중요한 발걸음을 시작하는 것이다.
- 화자가 청자나 원조자에게 덜 의존할수록 양 당사자에게 더 유익하다.

어떤 사람들은 이 근거를 믿으려 하지 않는다. 부모, 교사, 직장 상사 등은 자신들의 좋은 경험과 지적 능력을 이용하여 해결책을 말해줘야 한다고 생각한다. 겉으로는 문제를 가진 사람이 그것을 해결할 최적의 위치에 있다는 이론에 동의하더라도, 실제로는 자신이 내놓은 해결책이 다른 사람의 것보다 훨씬 낫다고 생각한다. 나는 내가 생각하는 해결책을 상대방에게 강요하고 싶은 유혹이 생길 때마다 심리학자 클라크 무스타카스의 말을 되새긴다.

> 궁극적으로, 나는 다른 사람을 책임질 수 없다. 단지 그의 삶에 참여할 수 있을 뿐이다. 그 참여가 그에게 어떤 의미인가와

상관없이 결국 그는 자신의 의미, 자신의 잠재력, 자신의 본성, 자신의 존재를 찾아내고야 말 것이다.[79]

‖ 상대방에게서 자신을 분리할 수 없을 때 ‖

훌륭한 청자는 상대방의 경험 속으로 들어갈 수 있으면서도 분리되어 있다. 한 고등학생 아이가 자신의 아버지에게 학교에서 자신을 놀리며 친구나 다른 사람 앞에서 모욕을 주는 아이에 대해 이야기했다. 격분한 아버지는 딸아이를 괴롭힌 학생을 대면하고자 했고 이것은 지나치게 사건에 개입한 경우이다. 즉 딸의 문제를 아버지가 떠맡은 것이다.

어떤 어머니는 아직 십대인 딸이 임신했다는 말을 듣고 울면서 이렇게 말했다. "어떻게 네가 우리에게 이럴 수 있니?" 이들은 건강한 거리를 유지하면서 들을 수 없는 '청자들'이다. 그들은 상대방의 고백을 듣고 감정적으로 '격분'했는데, 그런 상태에서는 상대방의 말을 제대로 들을 수 없다.

‖ 당신이 자신을 감추기 위한 방편으로 듣기를 이용할 때 ‖

어떤 사람들은 지속적으로 듣는 사람의 역할만 하고 자신을 거의 드러내지 않는다. 그들은 자신의 속내는 공유하지 않은 채 다른 사람들에 대해 알아가는 수단으로 듣기를 사용한다. 의도적이든 아니든, 이런 식의 듣기는 사람의 감정을 은밀하게 통제할 수 있다. 자신의 취약한 모습은 보이지 않으면서 말하는 사람에게만 자신의 약한 부분을 드러내도록 하기 때문인데, 이러한 비겁한 듣기는 진정한 관계에는 바람직하지 않다.

‖ 당신이 스트레스를 받고, 시달리고, 지쳐 있을 때 ‖

경우에 따라서는 누군가의 이야기를 들어주기에는 자신이 부적절할 수도 있다는 것을 알아야 한다. 그것은 당신의 심적인 상태가 정상이 아니어서 다른 사람에게 훌륭한 청자가 되어줄 수 없을 때이다. 모든 사람이 항상 다른 사람의 얘기를 들어줄 마음의 준비가 되어 있는 것은 아니다. 어떤 사람이 이야기할 상대가 없다고 느낀다면 정말 불행한 일이다. 하지만 그것은 스스로 풀어야 할 문제이지 내가 어떻게 해줄 수 있는 문제는 아니다. 내가 공감할 준비가 되어 있지 않은 상태에서 그 사람의 얘기를 듣는다면, 득보다는 실이 많을 것이다.

모두 다 능동적 듣기를 해야 할 이유는 없다. 나는 아내를 사랑하고 청자로서 함께하고 싶지만, 그런 역할을 하기 싫거나 할 수 없을 때가 있는 법이다. 그럴 때 그녀가 '심각한' 이야기를 시작하려 하면 나는 아직 들을 준비가 되어 있지 않다고 솔직히 얘기한다.

| 듣기의 장단점 |

듣기의 장점은 그것이 아름다운 체험이 될 수 있다는 것이고, 단점은 무거운 짐이 될 수도 있다는 것이다. 지금까지 설명한 기술들을 단련하고 그것에 능숙해졌다 하더라도, 감정을 이입시켜 다른 사람의 얘기를 듣는 것은 부담스러운 일이라는 것을 당신도 짐작할 것이다.

듣는 것은 결코 쉬운 일이 아니다. 습관적인 의사소통 방해요소를 극복해야 할 뿐 아니라, 어느 정도의 성숙함, 자아 초월, 자신의 가치관과 다른 관점을 이해하려는 열린 마음이 있어야 한다. 다른 사람의 얘기에 진심으로 귀 기울이면서 우리의 생각과 가치관이 변하기도 한다. 잘 듣는다는 것은 상처받기 쉬워진다는 것을 의미한다. 당신이 감정을 이입하여 상대방의 고민을 들을 때 심적인 괴로움을 겪는다는 것은 확실하다. 경험 많은 청자라면 화자의 고통으로부터 어느 정도 감정적인 거리를 유지하겠지만, 그렇더라도 상대방을 무너뜨리는 어떤 고통을 완전히 비켜가게 해줄 수는 없다.

듣기를 건성으로 하거나 부주의하게 시작해서는 안 된다. 심리치료사 조지 가즈다는 누군가를 돕기 전에 신중하게 생각하는 것이 고민이 있거나 도움이 필요한 사람을 더 존중하는 태도라고 주장한다. 이처럼 듣는 일은 몹시 어렵고 그래서 섣불리 뛰어들 일이 아니다. 그런 불완전한 시도는 말하는 사람과 듣는 사람 모두를 실망시킬 가능성이 높기 때문이다.[80]

| 요약하자면… |

반사적 듣기를 발전시키려면 다음 지침을 지켜야 한다.

- 이해한 척하지 말라.
- 상대방의 기분을 모두 안다고 말하지 말라.
- 다양한 방식으로 반응하라.
- 감정에 초점을 맞추라.
- 가장 정확한 감정 표현어를 선택하라.
- 목소리에 공감을 표현하라.
- 구체적이고 명확하게 말하도록 유도하라.
- 독단적이지 않으면서 확고한 반응을 보이라.
- 상대방의 말에 숨어 있는 해결책을 반영하라.

- 질문 속에 숨은 감정을 반사하라.
- 간단한 몸짓으로 반사하라.

 어떤 사람들은 상대방에게 고민이 있을 때 듣기만 하지 않고 그보다 한 단계 넘어선 반응을 보여줘도 되는지 묻는다. 더하기 반응은 위험하기는 하지만, 두 사람이 서로 믿고 이해하는 사이라면 사용할 수도 있다. 더하기 반응에는 접촉, 실제적 정보 제공, 행동 취하기, 상대방을 문제 해결 과정으로 이끌기, 전문기관에 추천, 적절한 자기 노출, 대조하기, 그리고 허심탄회한 감정 토로 등이 있다. 더하기 반응을 보인 후에는 다시 한 번 반사적 반응을 해주는 것이 바람직하다.

 반사적 듣기가 필요한 경우는 많다.

- 실행에 옮기기 전
- 언쟁하기 전
- 상대방이 격한 감정에 휩싸여 있거나 고민거리에 관해 얘기하고 싶어할 때
- 상대방이 '암호화' 하여 얘기할 때

- 상호 직접 대화에서
- 자기 자신에게 이야기할 때

반사적인 듣기를 피해야 할 때를 아는 것도 중요하다.

- 상대방의 생각을 받아들일 수 없을 때
- 상대방이 자신의 해결책을 찾지 못할 것 같을 때
- 상대방에게서 자신을 분리할 수 없을 때
- 듣기를 자신을 감추기 위한 방편으로 삼을 때
- 심신이 지쳐 있을 때

듣기는 기쁨을 주기도 하지만 섣불리 뛰어들어서는 안 되는 매우 어려운 활동이기도 하다. 듣기가 제대로 이루어진다면, 말하는 사람과 듣는 사람 모두에게 풍요로운 경험이 될 수 있지만, 제대로 하지 못한다면 양쪽 모두에게 반감만 살 뿐이다. 당신의 경청 효과를 높이기 위해 이번 CHAPTER에서 제시하는 지침들을 활용해보길 바란다.

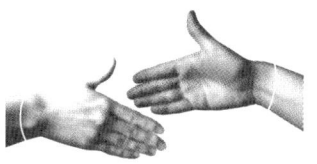

Endnotes

1. William Turner, *A New Herball Wherein Are Contayned the Names of Herbes* (London, 1551).
2. George Gazda, *Human Relations Development: A Manual for Educators* (Boston:Allyn & Bacon, 1973), p. 34.
3. Karl Jaspers, *The Way to Wisdom* (New Haven: Yale University Press, 1951), p. 147.
4. David Riesman, Nathan Glazer, and Reuel Denney, *The Lonely Crowd: A Study of the Changing American Character* (New York: Doubleday, 1950).
5. T. S. Eliot, *The Cocktail Party* (New York: Harcourt Brace Jovanovich), p. 140. Copyright 1950.
6. Virginia Satir, *Peoplemaking* (Palo Alto, CA: Science and Behavior Books, 1972), p. 197.
7. Gabriel Marcel, *The Mystery of Being* (Chicago: Regnery, 1960).
8. Carl Rogers, *On Becoming a Person: A Therapist's View of Psychotherapy* (Boston:Houghton Mifflin, 1961), p. 330. Copyright © 1961 by Carl R. Rogers. Reprinted by permission of Houghton Mifflin Co., and that of

Constable Publishers, London..

9. *Second Chance* (Nutley, NJ: Hoffmann-LaRoche Laboratory). (Training video, not to be confused with motion pictures of the same name.)
10. Erich Fromm, *The Art of Loving* (New York: Harper, 1956), p. 83.
11. Gerard Egan, *The Skilled Helper: An Introduction to Systematic Counselor and Human Relations Training* (Monterey, A: Brooks/Cole, 1975), p. 22. Copyright © 1975 by Wadsworth Publishing Company, Inc. Reprinted by permission of the publisher, Brooks/Cole Publishing Company, Monterey, California 93940.
12. Charles B. Truax and Robert Carkhuff, *Toward Effective Counseling and Psychotherapy* (New York: Aldine/Atherton, 1967), p. 108.
13. Robert Havighurst, *Developmental Tasks and Education* (New York: Longmans, Green, 1952); Erik Erikson, *Childhood and Society* (New York: Norton, 1964).
14. H. Richard Niebuhr, *The Purpose of the Church and Its Ministry* (New York: Harper and Brothers, 1956), p. viii.
15. Reuel L. Howe, *The Miracle of Dialogue* (New York: Seabury Press, 1963), pp. 23–24. Copyright © 1963 by the Seabury Press, Inc.
16. Thomas Gordon, *Parent Effectiveness Training: The "No-Lose" Program for Raising Responsible Children* (New York: Peter H. Wyden, 1970), pp. 44, 108.
17. Carl Rogers, *Client-Centered Therapy: Its Current Practice, Implications, and Theory* (Boston: Houghton Mifflin, 1951), esp. p. 31. See also Carl Rogers, *On Becoming a Person: A Therapist's View of Psychotherapy* (Boston: Houghton Mifflin, 1961). Copyright © 1961 by Carl R. Rogers. Reprinted by permission of Houghton Mifflin Co. Howe, *The Miracle of Dialogue*, pp. 18–35. Haim Ginott, *Between Parent and Child: New Solutions to Old Problems* (New York: Macmillan, 1965). See also Ginott's *Between Parent and Teenager* (New York: Avon, 1969) and *Teacher and Child: A Book for Parents and Teachers* (New York: Macmillan, 1972). Jack Gibb "Defensive Communication," in *Leadership and Interpersonal Behavior*, edited by Luigi Petrullo and Bernard M. Bass (New York: Holt, Rinehart and

Winston, 1961), pp. 66–81.

18 Gordon, *Parent Effectiveness Training*, pp. 41–47, 108–117, 321–327.

19 Rogers, *On Becoming a Person*, p. 330. Copyright © 1961 by Carl R. Rogers. Reprinted by permission of Houghton Mifflin Co.

20 Ibid., pp. 330–331. Copyright © 1961 by Carl R. Rogers. Reprinted by permission of Houghton Mifflin Co.

21 Clark Moustakas, *Individuality and Encounter: A Brief Journey into Loneliness and Sensitivity Groups* (Cambridge, MA: Howard A. Doyle, 1971), pp. 7–8.

22 Ginott, *Between Parent and Teenager*, p. 113.

23 David Augsburger, *The Love Fight* (Scottsdale, PA: Herald Press, 1973), p. 110.

24 Jacques Lalanne, "Attack by Question," *Psychology Today*, November 1975, p. 134.

25 Norman Kagan, *Interpersonal Process Recall: A Method of Influencing Human Interaction* (Ann Arbor: Michigan State University Press, 1975), p. 29.

26 Dag Hammarskjold, *Markings* (New York: Knopf, 1964), p. 190.

27 Ginott, *Between Parent and Child*, pp. 29–30.

28 Quoted in Ralph Nichols and Leonard Stevens, *Are You Listening?* (New York: McGraw-Hill, 1957), p. 49.

29 A letter from a patient quoted in Paul Tournier, *The Meaning of Persons* (New York: Harper & Row, 1957), p. 165.

30 Ralph G. Nichols and Leonard A. Stevens, *Are You Listening?* (New York: McGraw-Hill, 1957), pp. 6–7.

31 Ibid., pp. 6–10.

32 Ralph G. Nichols and Leonard A. Stevens, "Listening to People," *Harvard Business Review*, September–October 1957.

33 Franklin Ernst, Jr., *Who's Listening? A Handbook of the Transactional Analysis of the Listening Function* (Vallejo, CA: Addresso 'set, 1973).

34 John Drakeford, *The Awesome Power of the Listening Ear* (Waco, TX: Word, 1967), p. 17.

35 Allen Ivey and John Hinkle, "The Transactional Classroom," unpublished manuscript, University of Massachusetts, 1970.

36 Norman Rockwell, "My Adventures as an Illustrator," edited by T. Rockwell, *Saturday Evening Post*, April 2, 1960, p. 67. President John Kennedy had this ability too. See Drakeford, *The Awesome Power of the Listening Ear*, p. 65.

37 Albert Scheflen with Norman Ashcraft, *Human Territories: How We Behave in Space-Time* (Englewood Cliffs, NJ: Prentice Hall, 1976), pp. 6, 42.

38 C. L. Lassen, "Effect of Proximity on Anxiety and Communication in the Initial Psychiatric Interview," *Journal of Abnormal Psychology* 18 (1973): 220–232.

39 Ernst, *Who's Listening?* p. 113.

40 Charles Truax and Robert Carkhuff, *Toward Effective Counseling and Psychotherapy: Training and Practice* (New York: Aldine/Atherton, 1967), pp. 361–362.

41 Paul Ekman and Wallace Friesen, *Unmasking the Face: A Guide to Recognizing Emotions from Facial Expressions* (Englewood Cliffs, NJ: Prentice Hall, 1975), pp. 14–16.

42 Silvan Tomkins, in *Challenges of Humanistic Psychology*, edited by James Bugental (New York: McGraw-Hill, 1967), p. 57.

43 Anthony G. White, *Reforming Metropolitan Governments: A Bibliography* (New York: Garland, 1975).

44 Allen Ivey, *Microcounseling: Innovations in Interviewing Training* (Springfield, IL: Thomas, 1975).

45 John Moreland, Jeanne Phillips, and Jeff Lockhart, "Open Invitation to Talk," manuscript, University of Massachusetts, 1969, p. 1.

46 Eugen Herrigel, *The Method of Zen*, edited by Hermann Tausend and R. F. C. Hull (New York: Pantheon, 1976), pp. 124–125.

47 Halford Luccock, *Halford Luccock Treasury*, edited by Robert Luccock Jr. (New York: Abingdon, 1963), p. 242.

48 Quoted in Nathan Scott, *Man in the Modern Theater* (Richmond, VA: John Knox, 1965), p. 86.

49 Peter Senge, *The Fifth Discipline Fieldbook: Strategies and Tools for Building a Learning Organization* (New York: Currency Doubleday, 1994), p. 377.

50 William James, *Varieties of Religious Experience* (New York: Longmans, Green, 1902), p. 397.

51 Norman Kagan, *Interpersonal Process Recall: A Method of Influencing Human Interaction* (Ann Arbor: Michigan State University Press, 1975), pp. 60–62. 카간은 사람들이 감정을 읽는 일정한 능력을 가지고 있기 때문에, 그것을 따로 가르칠 필요는 없다고 덧붙인다. 그러나 나는 우리 대부분이 교육 과정을 통해 이 능력을 향상시킬 수 있다고 믿는다. – 사실 그것이 바로 카간의 프로그램이 설계된 목적이기도 하다.

52 Robert Carkhuff, *The Art of Helping: A Guide for Developing Helping Skills for Parents, Teachers, and Counselors* (Amherst, MA: Human Resource Development Press, 1973), p. 78.

53 Ernest Jones, *The Life and Work of Sigmund Freud*, edited and abridged by Lionel Trilling and Steven Marcus (New York: Basic Books, 1961), p. 253.

54 Quoted in Gerard Egan, *The Skilled Helper: A Model for Systematic Helping and Interpersonal Relating* (Monterey, CA: Brooks/Cole, 1975), p. 139. Copyright © 1975 by Wadsworth Publishing Company, Inc. Reprinted by permission of the publisher, Brooks/Cole Publishing Company, Monterey, California 93940.

55 Richard Bandler and John Grinder, *The Structure of Magic: A Book about Language and Therapy* (Palo Alto, CA: Science and Behavior Books, 1975), 1:22–23.

56 Alfred North Whitehead, *Adventures of Ideas* (New York: Mentor, 1933), p. 286.

57 Quoted in Life, October 14, 1966.

58 T. S. Eliot, "Burnt Norton," *Four Quartets* (New York: Harcourt Brace Jovanovich, Inc., 1952). Copyright 1952.

59 John Drakeford, *The Awesome Power of the Listening Ear* (Waco, TX: Word, 1967), pp. 19–20.

60 Perry London, *Behavior Control* (New York: Harper & Row, 1969), p. 88.

61 Jiddu Krishnamurti, *The First and Last Freedom* (New York: Harper and Brothers, 1954), p. 19.

62 Thomas Carlyle, *Sartor Resartus* (New York: Stokes, 1883), p. 172. Italics

added.

63. Julius Fast, *Body Language* (New York: Pocket Books, 1971), pp. 7–8. Copyright © 1970 by Julius Fast. Reprinted by permission of the publishers, M. Evans and Company, Inc., New York, New York 10017.

64. Randall Harrison, "Nonverbal Communication: Exploration into Time, Space, Action, and Object," in *Dimensions in Communication: Readings*, edited by James Campbell and Hal Hepler (Belmont, CA: Wadsworth, 1970), p. 258.

65. Albert Mehrabian, "Communication Without Words," *Psychology Today*, September 1968, p. 53.

66. Paul Ekman and Wallace Friesen, *Unmasking the Face: A Guide to Recognizing Emotions from Facial Clues* (Englewood Cliffs, NJ: Prentice Hall, 1975), p. 18.

67. Gerard Egan, *The Skilled Helper: A Model for Systematic Helping and Interpersonal Relating* (Monterey, CA: Brooks/Cole, 1975), p. 63.

68. D. Huenegardt and S. Finando, "Micromomentary Facial Expressions as Perceivable Signs of Deception," paper presented to Speech Association of America, New York, quoted in C. David Mortensen, *Communication: The Study of Human Interaction* (New York: McGraw-Hill, 1972), pp. 222–224.

69. Ralph Nichols and Leonard Stevens, *Are You Listening?* (New York: McGraw-Hill, 1957), p. 59.

70. Quoted in John Woolman, *The Journal of John Woolman*, edited by Janet Whitney (Chicago: Henry Regnery, 1950), p. 132.

71. Rollo May, *Love and Will* (New York: Norton, 1969), p. 241.

72. Len Sperry, *Developing Skills in Contact Counseling* (Reading, MA: Addison-Wesley, 1975), p. 40.

73. Erle Stanley Gardner, "How to Know You're Transparent When You'd Like to Be Opaque," *Vogue*, July 1956, pp. 45–47.

74. Abne Eisenberg and Ralph Smith Jr., *Nonverbal Communication* (Indianapolis: Bobbs-Merrill, 1971), pp. 34–35.

75. Edward Sapir, "The Unconscious Patterning of Behaviors in Society,"

    Selected Writings of Edward Sapir in Language, Culture, and Personality, edited by David Mandelbaum (Berkeley: University of California Press, 1949), p. 556

76 David Augsburger, *The Love Fight: Caring Enough to Confront* (Scottdale, PA: Herald Press, 1973), p. 23.

77 Carl Rogers, *On Becoming a Person* (Boston: Houghton Mifflin, 961), pp. 21–22. Copyright © 1961 by Carl R. Rogers. Reprinted by permission of Houghton Mifflin Co.

78 Gerard Egan, *The Skilled Helper: A Model for Systematic Helping and Interpersonal Relating* (Monterey, CA: Brooks/Cole, 1975), pp. 153–54. Copyright © 1975 by Wadsworth Publishing Company, Inc. Reprinted by permission of the publisher, Brooks/Cole Publishing Company, Monterey, California 93940.

79 Clark Moustakas, *Creativity and Conformity* (Princeton, NJ: D. Van Nostrand, 1967), p. 23.

80 George Gazda et al., *Human Relations Development: A Manual for Educators* (Boston: Allyn & Bacon, 1973), pp. 81–82.

1986년 개정판 출간 이후,
40년 연속 커뮤니케이션 분야 초장기 베스트셀러

로버트 볼튼 인간관계 수업 ❷
그 사람은 왜 말을 그렇게밖에 못할까

데일 카네기의 인간관계론을 읽었다면,
이젠 일상 속 실용적인 대화의 스킬을 익혀야 할 때!

로버트 볼튼 인간관계 수업 ①
그 사람은 왜 자꾸 내 말을 끊을까

초판 1쇄 발행일 2025년 10월 3일

지은이 로버트 볼튼
옮긴이 박미연
펴낸이 박희연
대표 박창흠

펴낸곳 트로이목마
출판신고 2015년 6월 29일 제315-2015-000044호
주소 서울시 강서구 화곡로68길 82, 강서IT밸리 1106-2호
전화번호 070-8724-0701
팩스번호 02-6005-9488
이메일 trojanhorsebook@gmail.com
페이스북 https://www.facebook.com/trojanhorsebook
네이버블로그 https://blog.naver.com/trojanhorsebook
인스타그램 https://www.instagram.com/trojanhorse_book/
인쇄제작 펌피앤피

한국어판 저작권 ⓒ 트로이목마, 2025

ISBN 979-11-92959-60-3 (13190)

이 책은 저작권법에 따라 보호받는 저작물이므로 무단전재와 복제를 금지하며, 이 책 내용의 전부 또는 일부를 이용하려면 반드시 저작권자와 트로이목마의 서면동의를 받아야 합니다.

* 책값은 뒤표지에 있습니다.
* 잘못된 책은 구입하신 곳에서 바꾸어 드립니다.